JN431900

새 가 족 에 서 소 그 룹 리 더 까 지

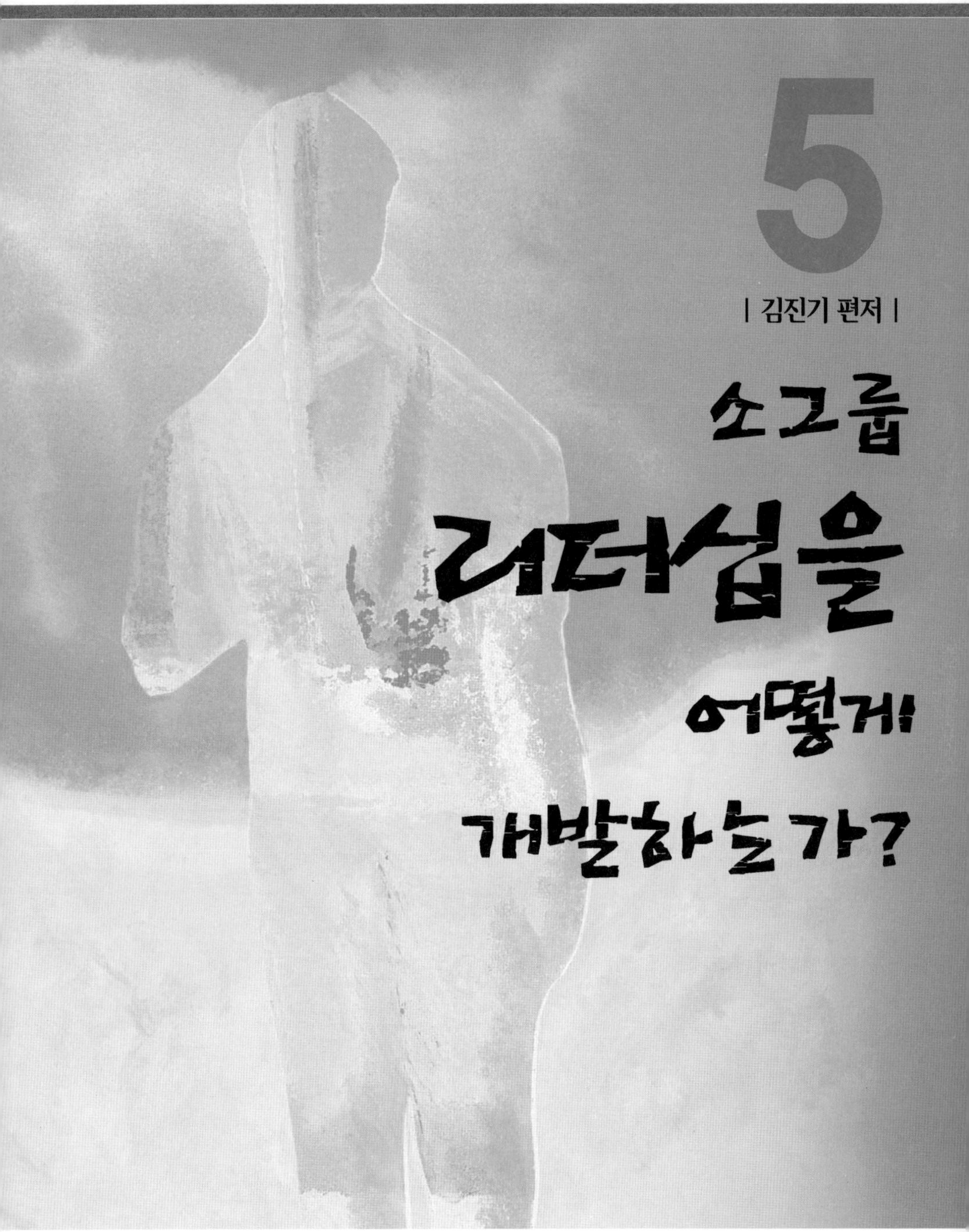

5

| 김진기 편저 |

소그룹 리더십을 어떻게 개발하는가?

쿰란출판사

기독교인의

신앙 성장 과정

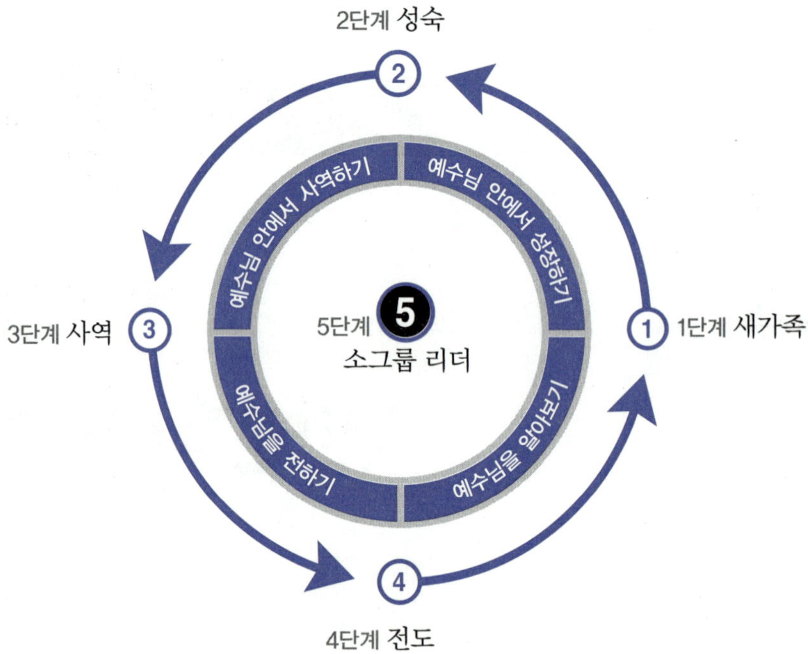

차례

C:ONTENTS

| 5단계 **소그룹 리더** |

마 28:19 "그러므로 너희는 가서 모든 족속으로 제자를 삼아 아버지와 아들과 성령의 이름으로 세례를 주고"

5단계 과정에 오신 것을 환영합니다

예수님께서 12명의 제자를 부르시고, 3년 동안 그들과 함께 생활하시며 양육하셨습니다. 예수님이 승천하실 때 제자들에게 주신 명령은 모든 족속으로 제자를 삼아 세례를 주고 예수님이 분부한 모든 것을 가르쳐 지키게 하라는 것이었습니다. 제자를 삼으라는 말씀은 우리가 다른 사람을 예수님의 제자로 만드는 것에서 끝나는 것이 아닙니다. 예수님의 제자가 된 사람들이 또 다른 제자를 양육할 수 있도록 해야 한다는 것을 의미합니다. 5단계는 소그룹 멤버들을 예수님의 제자로 양육하기 원하는 소그룹 리더들을 위해 소그룹 인도의 실제적인 방법들을 다루었습니다.

5단계를 위한 기초

마 28:19-20 그러므로 너희는 가서 모든 족속으로 제자를 삼아 아버지와 아들과 성령의 이름으로 세례를 주고 내가 너희에게 분부한 모든 것을 가르쳐 지키게 하라 볼지어다 내가 세상 끝 날까지 너희와 항상 함께 있으리라 하시니라.

5단계를 위한 주요 진리들

1. 우리 모두는 예수님의 제자가 되어야 합니다.
2. 우리는 예수님의 제자를 만드는 사람이 되어야 합니다.
3. 제자가 된 사람들이 또 다른 사람을 제자 삼는 사람이 되도록 격려해야 합니다.

5단계 목표

소그룹 리더들이 소그룹을 바로 이해하여 소그룹을 잘 인도할 수 있도록 소그룹 인도의 실제적인 방법들을 배운다.

5단계 개요

1과 전인적 소그룹의 기초

2과 전인적 소그룹의 성장의 5단계(1)
—익숙해지는 단계(Learning step)

3과 전인적 소그룹의 성장의 5단계(2)
—사랑하는 단계(Loving step)

4과 전인적 소그룹의 성장의 5단계(3)
—연결되는 단계(Linking step)

5과 전인적 소그룹의 성장의 5단계(4)
—나아가는 단계(Launching step)

6과 전인적 소그룹의 성장의 5단계(5)
—떠나는 단계(Leaving step)

* 5단계 「소그룹 리더십을 어떻게 개발하는가?」는 클리어포인트 교회의 「*Cell Leader Apprentice Training Class*」를 참고하였다.

1과

전인적 소그룹의 기초

1 전인적 소그룹의 ________

믿지 않는 사람들을 소그룹을 통해 전도하여 그리스도의 헌신된 제자가 되게 한다.

2 전인적 소그룹의 ________

1. 하나님과의 관계 안에서 자라가기
2. 사람들과의 관계 안에서 자라가기
3. 잃어버린 자에게 다가가기 위해 기도와 관계를 통해 함께 사역하기
4. 소그룹 리더를 양성하기
5. 건강한 전인적 소그룹들로 배가하기

3 전인적 소그룹 리더의 역할

5~12명의 사람들을 목양하여 __________ 계속 성장하도록 하는 책임을 수행한다.

4 전인적 소그룹 리더의 역할 설명서

소그룹에 속한 사람들의 영적인 책임을 맡는 것.(이것이 배가가 중요한 이유이다. 배가하지 않고 너무 많은 이들을 영적으로 책임지는 것은 벅찬 일이 될 것이다.)

1. 매주 소그룹 모임을 도우라. 모임의 모든 일을 다 할 필요는 없다. 사실, 더 많은 것들을 위임할수록 좋다. 매주 모임을 계획하고 실행하는 것을 관리한다.

2. 사람들이 아래와 같은 모임에 참여하도록 애정을 기울여 권함으로써 그들의 성장과 영적인 발전을 도우라.

- 새가족반
- 소그룹 모임
- 성숙반, 은사 사역반
- 교회에서 개최되는 세미나와 특별집회

3. 소그룹 멤버들을 위하여 매일 성실하게 기도하라.

4. 소그룹 멤버들의 영적인 상태를 알고 예수님을 향해 다음 단계로 성장해 나갈 수 있도록 애정을 가지고 사람들을 돌보라.

5. 소그룹 멤버들의 삶에 참여하라. 그들의 친구가 되고 멤버들이 서로 알아가는 것을 도우라.

6. 소그룹의 전체적인 방향을 점검하고, 개인적으로 또 전체적으로 계속해서 멤버들에게 초점을 맞추라.

- 위로－멤버들과 하나님의 관계가 더 친밀해지도록 돕는다.
- 안으로－공동체 안에서 서로 친밀한 관계를 형성하도록 돕는다.
- 밖으로－교회에 다니지 않는 사람들을 예수님께 인도할 수 있도록 소그룹 멤버들의 영향력이 확대될 수 있도록 돕는다.
- 앞으로－예비 리더를 양육하여 소그룹이 배가되도록 돕는다.

마 28:19-20 그러므로 너희는 가서 모든 족속으로 제자를 삼아 아버지와 아들과 성령의 이름으로 세례를 주고 내가 너희에게 분부한 모든 것을 가르쳐 지키게 하라 볼지어다 내가 세상 끝 날까지 너희와 항상 함께 있으리라 하시니라.

7. 소그룹 멤버들이 목표로 두고 기도하는 잃어버린 영혼들에게 영향력을 끼칠 수 있도록 소그룹 모임 밖의 행사를 구상하고 계획하는 것을 도우라.(이 일의 계획에 리더가 직접 너무 많은 일을 하지 말고 멤버들에게 위임하는 것이 중요하다.)

8. 누군가 입원했을 때 병원을 방문하거나 필요할 때 식사를 제공해주는 것과 같은 특별한 필요를 채우는 일들을 하도록 권장하라.

9. 소그룹이 성장하고 있을 때 잠재적인 리더들을 선별하여 도전을 주고, 그들에게 자신감을 심어 주라. 예비 리더가 정해지면, 그들이 소그룹을 성공적으로 이끌어 갈 수 있도록 양육하고 훈련하라.

10. 아래로는 소그룹 멤버들(행사 등에 관해)에게, 위로는 담당 교역자(문제들, 관심사 등에 관해)에게 의사소통의 전달자가 되라.

11. 다양한 사역에 당신의 소그룹이 참여하도록 도우라. 소그룹을 강조하는 교회는 사역하고 책임을 지기 위해 프로그램이 아닌 소그룹을 이용한다. 소그룹 멤버들이 어린이 돌보는 사역, 식당이나 주차장에서 섬기는 사역을 함으로써 서로의 짐을 나누고 있는지를 살펴보라.

12. 소그룹 멤버들을 목양하는 영적인 책임을 가지고, 당신이 소그룹 리더로서 사역하는 것을 돕는 담당 교역자와 규칙적으로 연락을 취하라.

13. 소그룹 리더 교육을 위한 소그룹 리더 모임에 참석하라.

14. 기도와 말씀 묵상을 통해 개인적으로 늘 주님과 동행하라.

*다음 두 가지 요소들은 소그룹 리더에게 매우 중요하다.

1) ______ 모든 일을 다 처리하는 것은 리더의 일이 아니다. 실제로 소그룹의 다른 멤버들이 더 많은 사역을 할수록 당신의 소그룹은 더 건강해질 것이다.

2) ______ 당신이 책임을 감당할 수 있을 만큼의 인원만 유지해야 한다. 성인 10명에서 12명보다 많게 되면 책임을 맡기 거의 불가능하다.(이상적인 크기는 7~8명이고, 15명에 이르렀다면 벌써 배가할 시간이 지난 것이다.)

전인적 소그룹 성장 5단계

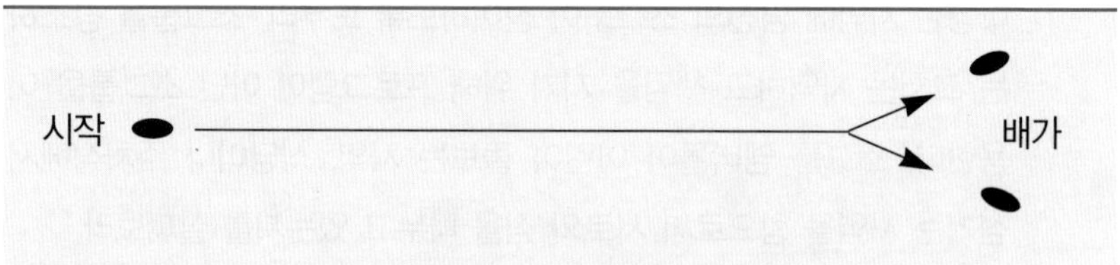

1. 익숙해지는 단계(Learning step) = 서로 알아가기
2. 사랑하는 단계(Loving step) = 갈등을 통해 서로를 사랑하는 법 배우기
3. 연결되는 단계 (Linking step) = 공동체로 연결되기
4. 나아가는 단계(Launching step) = 잃어버린 영혼에게 나아감으로 성장하기
5. 떠나는 단계(Leaving step) = 배가하기

2과

전인적 소그룹 성장의 5단계(1)

____________________(Learning step) : 교제

- 과정 : 서로 알아가고 결속되어짐
- 소그룹에서 강조점 : 다과, 아이스 브레이크
- 소그룹 리더의 역할 : 서로 알아갈 수 있도록 격려하기
- 소그룹 외부 모임 : 주중에 소그룹 리더가 전화함, 함께 시간 보내기

"소그룹 외부 모임에서 발생한 일은 소그룹 모임 내부에서 발생한 일보다 중요하다."

새로운 소그룹이 시작하면 우리는 서로를 알아가는 일에 많은 시간을 보냅니다. 이 단계에서 리더가 소그룹 모임을 어떻게 이끌어 나갈 수 있는지 실제적인 방법들을 알아봅니다.

1 전인적 소그룹

구　분	초　점	흐름 방향
환영(**W**elcome)	분위기 띄우기	당신 → 나
예배(**W**orship)	하나님의 임재 경험하기	우리 → 하나님
말씀(**W**ord)	하나님 말씀을 우리 삶에 적용하기	하나님 → 우리
사역(**W**orks)	잃어버린 영혼/교회 안 다니는 영혼	우리 → 세상

* 위의 각 단계의 시간 배정은 소그룹의 성장 단계와 필요에 따라 달라질 것입니다.

2 전인적 소그룹의 좌석 배열에 따른 역동적 관계와 멤버의 상호작용

● : 소그룹 리더
○ : 소그룹 멤버
◐ : 예비 리더

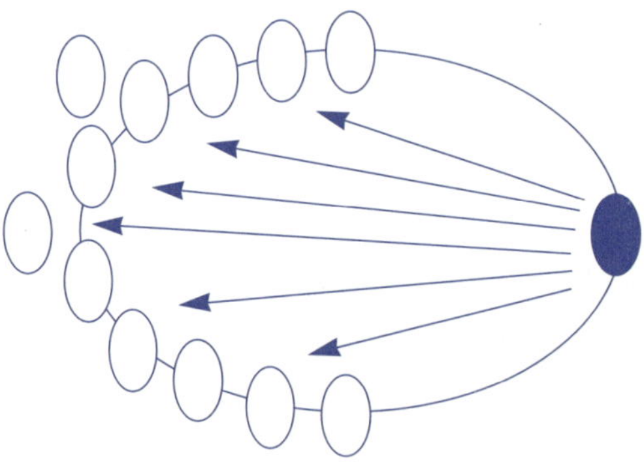

그림1

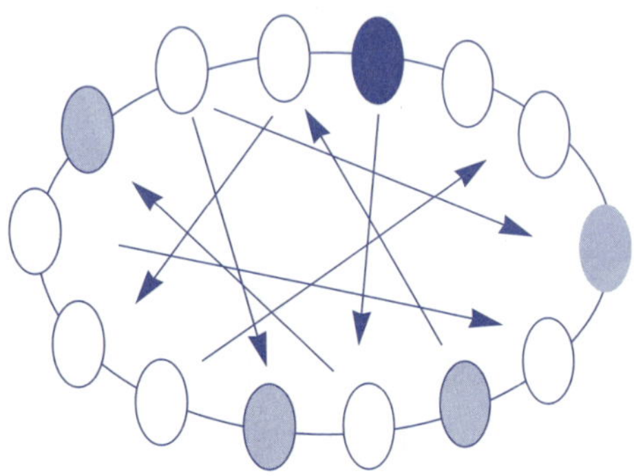

그림2

■토의 1. 그림1의 좌석 배열에서 무엇이 잘못되었습니까?

■토의 2. 그림2의 좌석 배열을 보고 느끼는 점은 무엇입니까?

3

소그룹 모임 중 환영(Welcome)의 시간에 아이스 브레이크를 합니다. 쉬운 질문으로 이야기를 시작하거나 간단한 게임을 함으로 서로에게 자연스럽게 마음이 열리도록 유도합니다. (예. 자라면서 여러분이 가장 좋아하는 이야기나 동화는 무엇이었습니까?) 이것은 사람들이 서로를 편안하게 느끼도록 하며 자신에게 초점을 맞추지 않도록 도와주는 활동입니다.

- 이것은 소그룹 안의 모든 멤버가 공통된 초점을 가지도록 합니다.
- 이것은 당신이 다른 사람을 더 잘 이해하도록 돕습니다.
- 이것은 모든 사람이 일이나 가정에서 다른 사람들에게 관심을 갖게 합니다.
- 이것은 수줍음이 많은 사람들도 편하게 말하도록 도와줍니다.

새로운 소그룹 모임이 시작될 때(많은 사람들이 서로 알아가기 시작하는 때) 아이스 브레이크 시간은 길 수밖에 없습니다. 그러나 모임이 진행되고 서로를 더 알아가기 시작할 때 아이스 브레이크 시간은 5~10분 정도로 줄여야 합니다.

그러나 아이스 브레이크의 필요를 무시하지는 마십시오.

소그룹 인도 지침 예시 (1)

새로운 전인적 소그룹을 시작하기

일러두기

1. 전인적 소그룹 성장의 5단계 중 '익숙해지는 단계(Learning step)'에서는 여러분은 서로를 잘 이해하고 긴밀한 유대를 갖기 위해 시간을 쓰기 원할 것입니다.
2. 그래서 첫 달에는 다과, 아이스 브레이크, 전인적 소그룹의 목적을 강조해야 합니다. 이 단계에서는 기본적으로 아이스 브레이크 시간을 길게 갖는 것이 좋습니다.
3. 정기적인 소그룹 모임 이외에 밖에서 함께 시간을 보내는 것은 중요합니다. "소그룹 모임 중에 일어나는 일보다 소그룹 모임 밖에서 일어나는 일이 더 중요하다"는 것을 기억하십시오.

환영(Welcome)/ (15분)

- 다과
- 멤버들을 소개하십시오.
- 광고사항을 읽으십시오.
- 아이스 브레이크 예시 : 자라면서 여러분이 가장 좋아하는 이야기나 동화는 무엇이었습니까?

예배(Worship)/ (15분)

- 하나님의 임재 경험하기
  두세 사람이 내 이름으로 모인 곳에는 나도 그들 중에 있느니라(마 18:20).
- 교회에서 제공하는 예배 순서에 따라 예배를 인도하십시오.

말씀(Word)/ (20분)

아래 질문을 사용해서 함께 나누십시오.
나누실 때 나누는 분의 이름을 먼저 말씀해 주십시오.

1. 이번 주 목사님의 설교에서 삶에 적용해야 할 부분은 무엇입니까?
2. 삶에서 적용했을 때 어떤 결과가 있었는지 나누어 주십시오.
3. 이번 주에 일어났던 가장 흥미로운 일은 무엇이었습니까?
4. 이번 주에 일어났던 가장 어려운 일은 무엇이었습니까?
5. 하나님과의 관계에서 서로가 자라도록 도울 수 있는 방법은 무엇입니까?
6. 멤버들 간의 관계에서 서로가 자랄 수 있도록 어떻게 할 수 있습니까?
7. 기도제목이 있으면 말씀해 주십시오. (기도하고 싶은 한 사람이 마무리한다.)

사역(Works)/ (15분) 중요합니다! 건너뛰지 마십시오!

- 전인적 소그룹의 리더로서 여러분의 소망은 모든 사람이 서로를 알아가는 것뿐 아니라, 다른 사람(특히 교회 다니지 않는 친구, 이웃, 직장 동료)에게 계속적으로 다가가는 것이라는 사실을 멤버들에게 상기해 주십시오. 우리가 이 일을 위해 실제적으로 무엇을 함께 할 수 있는지에 대해서는 이 교재의 뒤에서 더 나누게 될 것입니다.

소그룹 인도 지침 예시 (2)

새로운 전인적 소그룹을 시작하기

일러두기

1. 전인적 소그룹 성장의 5단계 중 '익숙해지는 단계(Learning step)'에서 여러분은 서로를 잘 이해하고 긴밀한 유대를 갖기 위해 시간을 쓰기 원할 것입니다.
2. 그래서 첫 달에는 다과, 아이스 브레이크, 전인적 소그룹의 목적을 강조해야 합니다. 이 단계에서는 기본적으로 아이스 브레이크 시간을 길게 갖는 것이 좋습니다.
3. 정기적인 소그룹 모임 이외에 밖에서 함께 시간을 보내는 것은 중요합니다. "소그룹 모임 중에 일어나는 일보다 소그룹 모임 밖에서 일어나는 일이 더 중요하다"는 것을 기억하십시오.

환영(Welcome)/ (15분)

- 다과
- 멤버들을 소개하십시오.
- 광고사항을 읽으십시오.
- 아이스 브레이크 예시 : 가장 존경하는 인물은 누구인가요? 왜 존경하나요?

예배(Worship)/ (15분)

- 하나님의 임재 경험하기
  두세 사람이 내 이름으로 모인 곳에는 나도 그들 중에 있느니라(마 18:20).
- 교회에서 제공하는 예배 순서에 따라 예배를 인도하십시오.

말씀(Word)/ (20분)

1. 건강한 교회에서 가족들은 어떠해야 한다고 생각하십니까? 사도행전 2장 42-47절을 읽으십시오. 건강한 그룹에서는 무슨 일이 일어나고 있습니까?
2. 만약 우리가 가족이라면, 우리는 관계를 가지기 위해 어떻게 해야 합니까? (여러분이 생각할 수 있는 대로 많은 방법들을 말해 보십시오.) 만약 이 소그

룹이 건강하려면 이 그룹 안에서 어떤 일이 일어나야 할까요?

3. 당신은 가족의 목적이 무엇이라고 생각하십니까? 당신의 가족에게 있는 우선권은 무엇입니까? 당신의 가족은 무슨 지침들을 지킵니까? 가족의 목적을 아는 것이 왜 중요합니까? 가족 생활에서 우선권과 지침이 왜 중요할까요?
4. 우리가 가족이기 때문에 소그룹의 목적, 비전, 우선권, 목표 그리고 기본적인 지침들에 대해 나누길 원합니다.
5. 여러분에게 필요한 다섯 가지를 목록에서 선택하십시오. 그리고 당신이 선택한 이유를 말씀해 주십시오.

통찰력	친교	복종	음악	자아표현	낭만	부드러움
아름다움	다양성	통제	자유	책임감	편안함	영양공급
귀여움	운동	활동	자존감	침착	관용	건강
믿음	고독	평온	기쁨	방향성	통합	생동감
웃음	교제	기술	절제	상상력	친밀감	예민
구조	감동	교육	안식	힘	일치	자신감
나눔	기회					

6. 소그룹으로부터 여러분이 받기를 원하는 것 두 가지는 무엇입니까? 왜 그렇습니까?
7. 여러분이 소그룹에게 줄 수 있는 것 두 가지는 무엇입니까? 왜 그렇습니까?
8. 기도제목이 있으면 말씀해 주십시오.
   (기도하기를 원하는 한 사람이 마무리한다.)

사역(Works)/ (15분) 중요합니다! 건너뛰지 마십시오!

- 소그룹 멤버들에게 믿지 않는 사람들 중에서 예수님께 인도하고 싶어서 소그룹에서 함께 기도하기 원하고, 함께 관계를 만들기 위해 노력할 한두 사람을 생각해 보라고 요청하십시오. 다음 주에 여러분은 소그룹 멤버들에게 소그룹 전도 게시판에 적을 그들의 이름을 요청할 것입니다.

소그룹 리더들을 위한 조언 (1)

관계와 영향력

목양하는 것은 부모의 역할과 아주 비슷합니다. 마음속으로 이것을 깊이 생각할수록 그 판단에 더욱더 동의하게 됩니다. 부모의 역할과 관련된 많은 의무들이 있습니다. 아이들을 먹이고 입혀야 하고, 그들의 건강을 돌보고 아이들을 학교에 보내야 합니다. 그러나 그것이 부모 역할의 전부는 아닙니다. 부모 역할의 진정한 본질은 아이들을 성숙하게 하고, 바른 남성과 여성으로 키우는 것입니다. 이것은 주로 관계와 영향력을 통해서 일어납니다.

나는 아이들과 시간을 함께 보냄으로 그들과 관계를 맺습니다. 몇 년 전 우리는 아이들에게 질적으로 좋은 시간을 줄 수 있다면 아이들과 꼭 많은 시간을 보낼 필요는 없다고 생각했었습니다. 그러나 사실은 양적인 시간 가운데 질적인 시간이 발생한다는 것입니다. 아빠로서 아이들과 놀고, 이야기하고, 함께 뒤엉킬 필요가 있습니다. 그 일을 통해 사랑과 관심을 전달할 수 있고 정말로 중요한 것들에 대해 그들에게 영향력을 미칠 수 있습니다. (예수님의 사랑 안에 거하기, 하나님을 섬기기, 잃어버린 영혼들을 향한 마음 갖기 등)

소그룹 안의 멤버들을 목양하는 것도 같은 이치입니다. 정기적인 소그룹 모임 시간에 의존하는 것으로는 충분하지 않습니다. 소그룹 모임 밖에서 일대일(또는 가족 대 가족)로 관계를 발전시킬 기회를 찾을 필요가 있습니다. 주일 예배 이후에 점심을 먹으러 나가십시오. 함께 다과를 나누기 위해 여러분의 집에 초대하십시오. 아이스크림을 먹으러 함께 나가십시오. 여러분이 관계를 증진하기 원하는 사랑하는 사람이 있다면 영화를 보러 함께 가자고 제안하지 않습니까?

요점은 서로 간의 관계를 발전시키는 것입니다. 그리고 관계 속에서 전심으로 하나님을 사랑하고 섬기는 것, 하나님 나라의 가치관을 소유하는 것, 하나님의 사역에 방관자이기보다는 참여자가 되는 것 등과 같은 정말 중요한 요소들을 그들에게 말해줄 수 있는 기회가 생깁니다. 실제로, 이번 주에 여러분의 소그룹의 누군가와 외식을 하는 것은 중요한 결과를 낳게 될 수 있습니다. 관계를 증진하는 것은 항상 확대된 영향력으로 나타납니다. 부모의 역할이든 소그룹 리더의 역할이든 그것은 사실입니다.

소그룹 리더들을 위한 조언 (2)

유능한 리더가 되기 위해서는 매주 얼마 동안의 시간을 각 멤버들과 함께 보내야 합니까?

나는 이 주제를 매주 각 멤버당 몇 분씩이라는 대답보다는 결과에 기초한 접근 방법으로 생각해 보는 것이 좋다고 생각합니다.

유능한 리더가 이끄는 소그룹은 어떻게 보일까요?

- 서로가 함께 있기를 좋아하지만 다른 사람에 대해 배타적이지 않은 사람들의 그룹
- 인생의 영적인 목적을 이해하고 그리스도를 위해 친구들에게 적극적으로 다가가는 사람들의 그룹
- 하나님의 능력과 성령님 안에서 섬김의 도를 가지고 서로를 위해 사역하기를 원하는 그룹
- 현재의 사역들을 통해 항상 그들의 잠재된 리더십을 보여주고 있는 개인들

제자들을 위한 예수님의 사역에서 우리는 무엇을 배울 수 있나요?

- 복음서 기록에 의하면 예수님은 대부분의 시간을 성전이나 목공소 등이 아니라 그의 제자들과 함께 보내셨습니다. 좋은 친구들에게 하는 것처럼 멤버들과 시간을 보내고 가능한 한 자주 함께 점심이나 아침 식사를 하십시오. 물론 저녁 식사 시간도 교제하기에 좋은 시간입니다. 저녁 식사를 하느라 저녁 시간 전체를 다 소비할 필요는 없습니다. 단지 주중에 만나 함께 식사하고 8시, 9시 정도에 헤어지면 됩니다. 이 방법으로 여러분은 가족과도 함께 시간을 보낼 수 있고 잡다한 일도 할 수 있습니다. 또한, 주말을 이용할 수도 있습니다. 식사에 초대하는 것, 함께 쇼핑하러 가는 것 등. 가능한 한 자주 멤버들과 함께 하십시오.

- 예수님은 제자들을 데리고 사역을 하며 여행을 하셨습니다. 그것은 좋은 본보기였고 여행을 하며 서로에 대한 책임과 진실한 교제를 가졌습니다. (예수님은 당신이 아니라 우리가 그것이 필요하다는 것을 아셨습니다.) 멤버들에게 함께 리더십 모임에 참여하고, 다른 멤버들의 집이나 불신자들의 집에 방문하자고 요청하십시오. 여러분의 담당 교역자 또는 잃어버린 영혼들과의 점심 식사는 멤버들

에게 함께 가자고 요청하기 좋은 시간들입니다. 이 일을 통해 새로운 리더들을 키우고 있다는 것을 기억하십시오. (물론 그들은 모르지만 말입니다.)

- 예수님은 전략적으로 제자들을 그분의 가장 친한 친구들로 만들기로 결정하셨습니다. 그의 사역 모델은 깊으면서 목적으로 가득한 관계에 의존하는 것이었습니다. 소그룹 멤버가 여러분에게 최고의 친구들이 될 것이라고 바로 지금 의식적으로 결정하십시오. 이유 없이 전화를 걸거나 그냥 안부 인사를 전하고 다른 친구들 대신 그들과 함께 사귀기로 결정하십시오. 왜일까요? 하나님께서 잃어버린 자들에게 다가가도록 돈독한 우정을 가진 우리의 소그룹을 사용하시기 원하시기 때문입니다.

예수님의 입장에서 모든 시간의 투자 목적은 제자들의 삶의 변화를 촉진하는 것이었습니다. 어떤 제자들은 빨리 이해했지만 다른 제자들은 그렇지 못했습니다. 예수님이 각 제자들과 보낸 시간의 양은 제자들이 효과적으로 쓰임받기 위해 걸린 시간의 양과 많은 연관이 있습니다. 그러나 예수님은 결코 사역이 싫어지는 단계까지 자기 자신을 소진하도록 사람들과 함께 계시지는 않았습니다. 균형이 중요하고 개인적인 기도 생활이 이것과 매우 관계가 깊을 것입니다. 예수님은 많이 기도하셨습니다.

나는 다른 신자의 삶에 시간(심지어는 희생적인 시간도)을 투자했던 것을 결코 후회하지 않습니다. 왜냐하면 나는 항상 나 자신뿐만 아니라 그 사람에게서 놀라운 성장을 보아왔기 때문입니다. 어떤 사람들은 정말로 나를 지치게 했습니다. 그러나 그것은 나의 잘못된 시간 사용과 그들이 가진 견고한 진에서 자유를 찾을 수 있도록 돕지 않고 방치한 결과로 생긴 것임을 알게 되었습니다.

그러면 멤버들과 얼마나 많은 시간을 보내야 하는 걸까요? 여러분이 얼마나 멤버들을 사랑하는지를 알도록 돕고, 그들과 그들의 잃어버린 친구들을 돌보기에 충분하도록. 그것이 모든 사람에게 동일하게 적용되지는 않지만, 기도를 통해 주님은 여러분에게 정확하게 멤버들과 얼마만큼의 시간을 보내고 여러분이 함께 있을 때 무엇을 하고 무엇을 말해야 하는지를 말씀해 주실 것입니다. 만약 여러분이 명확하게 하나님으로부터 듣고 있지 않다면, 계속 기도하고 담당 교역자에게 말하십시오. 교역자들은 올바른 시간 투자 전략을 위해 여러분과 함께 하나님의 뜻을 구할 것입니다.

3과

전인적 소그룹 성장의 5단계(2)

________________(Loving step) : 갈등

- 과정 : 서로 사랑하고 갈등을 통해 일하는 것을 배우기
- 소그룹에서 강조점 : 소그룹 기도/ 기도 파트너, 예배
- 소그룹 리더의 역할 : 성숙할 수 있도록 격려해 주기
- 소그룹 외부 모임 : 주중에 소그룹 리더가 전화하기, 소그룹 밖에서 멤버들과 함께 모이기, 문제들을 해결해 주기, 함께 기도하기

너무나 많은 소그룹들이 ____________를 받아들입니다. 가짜 공동체라는 것은 서로 거리를 둔 채 기분 좋게 어울리는 소그룹을 일컫습니다. 새로운 소그룹이 형성되면 갈등 단계를 거치게 됩니다. 갈등은 성공적인 발전의 표시입니다. 왜냐하면 전혀 관계가 없는 사람들 사이에는 갈등이 있을 수 없기 때문입니다. 갈등이 있다는 것은 관계가 시작되었음을 알려줍

니다. 갈등을 효과적으로 풀어나갈 때 소그룹은 역동적으로 움직여 나갈 수 있습니다.

갈등을 회복하기 위해 우리는 먼저 하나님께 영적인 공급을 받아야 합니다. 그리고 서로의 아픔을 나누고 기도해주는 관계로 발전될 때 갈등은 사라지고 영적인 성장이 가능해집니다. 영적인 공급은 하나님을 예배할 때 획득됩니다. 다음은 소그룹 리더가 소그룹 예배를 인도하는 실제적인 지침들과 기도 파트너에 대한 것입니다.

1 예배 인도에 대한 지침

1. 예배자가 되십시오.(인도자가 아니라)

2. 기도하고 계획하고 연습하십시오.
   - 기도하십시오. 성령님께서 말씀하는 것을 들으십시오.
   - 예배 시간을 계획하십시오. 참석자들을 민감하게 살피십시오.
   - 소그룹 멤버들이 모르는 찬양들은 피하십시오.

3. 사람들이 예배하는 것을 방해하는 산만한 요소들을 제거하십시오.
   - 전화, TV, 동물들

4. 적당한 양의 찬양을 부르십시오.

5. 하나님께 초점을 맞추십시오.

6. 자연스럽게 하십시오.

7. 찬양 외에 다른 예배 형태들로 예배하십시오.
- 성경 읽기
- 간증
- 시 낭송
- 함께 노래를 듣거나 찬양을 묵상하기
- 기도
- 침묵/묵상

2 기도 파트너

1. 성경 본문

전 4:9-10, 12 두 사람이 한 사람보다 나음은 저희가 수고함으로 좋은 상을 얻을 것임이라 혹시 저희가 넘어지면 하나가 그 동무를 붙들어 일으키려니와 홀로 있어 넘어지고 붙들어 일으킬 자가 없는 자에게는 화가 있으리라 한 사람이면 패하겠거니와 두 사람이면 능히 당하나니 삼겹 줄은 쉽게 끊어지지 아니하느니라.

출 17:12 모세의 팔이 피곤하매 그들이 돌을 가져다가 모세의 아래에 놓아 그로 그 위에 앉게 하고 아론과 훌이 하나는 이편에서, 하나는 저편에서 모세의 손을 붙들어 올렸더니 그 손이 해가 지도록 내려오지 아니한지라.

2. 기도 파트너의 ________

- 우리가 성숙하도록 돕습니다.
- 우리가 매일 그리스도인의 생활방식으로 옮겨가도록 돕습니다.
- 우리가 충만함으로 소그룹에 참여해서 소그룹이 좀 더 자연스럽게 움직여질 것입니다.
- 우리에게 양육을 도울 수 있는 성경적인 관계를 발전시키도록 합니다.
- 우리에게 요구되는 많은 책임을 수행할 수 있게 해 줍니다.
- 사역의 모임이 리더(소그룹 리더 & 예비 리더) 중심에서 각 멤버로 옮겨집니다. 그래서 리더들이 감당해야 할 부담이 달라집니다.
- 소그룹 안에서 리더십을 발전시키는 필수적인 수단입니다.
- 건강한 소그룹 생활을 위해 필수적입니다.

3. 기도 파트너의 ______

한 소그룹 안에서 다음을 위해 협력하는 같은 성별의 세 사람들

- 개인의 삶이 변화하도록 서로를 격려하기
- 전도하는 생활방식으로 변화하도록 서로를 격려하기
- 기도로 서로 붙들어 주기

4. 기도 파트너로서 ______

- 기도 파트너들은 계속해서 격려하고, 힘을 주고, 나누면서 자료를 함께 준비할 것입니다.
- 주중에 기도 파트너들은 서로를 위해 기도할 것입니다.
- 기도 파트너들은 보통 나누고 기도하기 위해 소그룹을 하는 동안 함께 모일 것입니다. 그들은 보통 주중 특정한 때에 서로에게 전화하고 격려할 것입니다.

소그룹 리더들을 위한 조언 (3)

기도 파트너

교회에 다니지 않는 전도 대상자를 위해 소그룹 내에서 기도 파트너가 필요합니다. 만약 우리가 잃어버린 사람들을 위해 기도하는 일에 서로 협력하지 않는다면 원수 사단은 우리의 노력들을 좌절시키는 일에 우리보다 한 발 앞서게 됩니다. 모든 사역의 능력은 개인적으로나 합심해서 한 기도를 통해 나와야 합니다. 믿음으로 기도하기 원하는 두세 사람 안에서 기도는 능력을 발휘합니다.

나는 여러분이 사람들에게 짝을 지어 교회에 다니지 않는 친구들과 가족들을 위해 기도하라고 조언해 주기를 바랍니다. 또한 나는 여러분이 그것을 위해 소그룹 안에서 함께 기도할 동성의 누군가를 선택하기를 바랍니다. 만약 사람들이 그 아이디어에 별로 흥미로워하지 않는다면, 전도 대상자를 위해 기도해야 하는 이유에 대해 애정을 가지고 설명해 주십시오. 하나님이 우리 가운데 역사하셔서 우리가 간구한 것 이상으로 그분이 우리 안에 행하시는 일을 볼 것입니다.

마태복음 7장 7절은 "구하라 그러면 너희에게 주실 것이요"라고 말합니다. 나는 여러분을 위해 기도할 것입니다.

소그룹 리더들을 위한 조언 (4)

값싼 충고!

갑싼 충고는 사람들이 다른 사람의 고통을 느끼지 못하고 감정적으로 다른 이들이 겪는 고통에 대해 자신들의 의견을 내놓을 때 발생합니다. 그런데 소그룹에서 사람들이 속마음을 열거나 나누려고 시도할 때 그들에게 이런 충고를 하는 것을 보게 됩니다. 소그룹 리더는 소그룹에서 이런 값싼 충고를 볼 때 기꺼이 끼어들어 "나는 이분이 지금 그런 이야기를 들을 필요가 없다고 생각합니다"라고 말해야 합니다.

값싼 충고는 우리가 사람들이 나누는 것을 듣고 그들을 '고치도록' 돕는 무엇인가를 제공하고 싶어 하기 때문에 일어납니다. 그러나 사람들이 나눌 때 필요한 것은 고침을 받는 것이 아니라, 들어주고, 사랑함으로 그들의 문제를 예수님께 가져가도록 돕는 것입니다.

누군가 개방적으로 나누려고 할 때 값싼 충고에 대항해서 그를 보호해 주십시오. 사람들의 반응을 두려워하지 말고 나누게 하십시오. 단지 듣고 소그룹 멤버들이 그를 사랑하고 함께 그의 상처나 필요들을 기도를 통해 예수님께 가져가도록 도우십시오.

4과

전인적 소그룹 성장의 5단계(3)

_______________ (Linking step) : 공동체

- 과정 : 소속감뿐 아니라 전인적 소그룹 생활을 위해 서로 책임 지기
- 소그룹에서 강조점 : 모든 의무와 책임 함께 나누기, 함께 계획하기
- 소그룹 리더의 역할 : 사역을 장려하기
- 소그룹 외부 모임 : 멤버들(소그룹 리더와 연락하는 사람)이 매주 전화하기, 사역과 양육하기, 관련된 기도 파트너의 기도 확인

소그룹의 모든 멤버들은 소그룹 안에서 각자의 책임을 서로 나누어 가져야 합니다. 각기 하나님이 주신 은사를 사용할 때 공동체가 풍성해지고 성장하게 됩니다. 소그룹 리더는 소그룹 멤버들을 잘 살펴서 은사를 충분히 사용할 수 있도록 도와야 합니다. 다음은 소그룹 멤버들이 함께 만들어 가는 모임을 위한 지침들입니다.

1. ______________________

이 계획서는 소그룹 모임의 각 순서에 멤버들이 자원해서 참여하게 합니다. 멤버들이 담당하고 싶은 순서의 서명 란에 서명을 하게 합니다. 작성된 계획서는 소그룹 모임의 각 순서를 맡은 사람들과 계속 연락하기 위해서 소그룹 리더가 사용할 수 있습니다.

• 소그룹 리더 : ______________________________
• 모 임 날 짜 : ______________________________
• 모 임 장 소 : ______________________________

소그룹 모임의 순서들	서명 란
다 과	
광 고	소그룹 리더
광고자 소개	
아이스 브레이크	
예배(Worship)	
말씀(Word)	
사역(Work)	
어린이 돌보기	
전 화	

2. 전인적 소그룹 팀 ________

소그룹의 모든 멤버들은 각기 ________ 에 따라 사역을 하게 됩니다. 그 모습이 어떠하든지 하나님 안에서 모두 하나의 사역자이기 때문에 한 명 한 명이 참으로 소중합니다. 서로 다름을 인정하고 기뻐함으로 좋은 팀을 이루게 됩니다.

격려자 조력자이기 때문에 어떤 은사들도 가능	**소그룹 리더** 조력자이기 때문에 어떤 은사들도 가능	**찬양 리더** 음악
행사 진행자/전도자 진행자가 비전을 나눈다, 전도	**예비 리더** 조력자이기 때문에 어떤 은사들도 가능	**기타** 가르치는 지혜, 리더십, 행정, 분별력, 지식
제자 훈련자 단지 몇 걸음 앞에서 걸어가고 있는 사람	**훈련 중인 예비 리더** 조력자이기 때문에 어떤 은사들도 가능	**전화 심방자** (전화를 이용해서 돌봄) 목양하기, 자비, 격려
	대접하는 자 접대, 행정, 서비스	**중보 기도자** 중보하는 믿음, 치유하는 기적들, 목양

기타 ____________________ 기타 ____________________

____________________ ____________________

____________________ ____________________

____________________ ____________________

____________________ ____________________

3. 전인적 소그룹 모임 평가

건강한 전인적 소그룹들은 이런 강점들이 있습니다.

1. 여러분의 전인적 소그룹을 평가하십시오.
2. 멈추어 서서 파트너와 함께 나누십시오.

그룹이 우선이다. — 그룹은 단지 무엇인가 하기 위해 모인다.

10	9	8	7	6	5	4	3	2	1

교회의 비전을 잘 이해하고 100% 협력적이다. — 교회의 비전을 잘 이해하지 못하고 그다지 협력적이지 않다.

10	9	8	7	6	5	4	3	2	1

가족과 같은 분위기 — 어떤 일을 하기 위해 일 주일에 하루 함께 모이는 그룹

10	9	8	7	6	5	4	3	2	1

목적이 있는 그룹 — 아무도 그룹의 목적을 모른다.

10	9	8	7	6	5	4	3	2	1

적절한 리더십 — 적절하지 않은 리더십

10	9	8	7	6	5	4	3	2	1

소그룹 리더와 예비 리더가 매주 모임 계획과 기도를 담당 — 소그룹 리더와 예비 리더가 스스로 모든 것을 다 한다

10	9	8	7	6	5	4	3	2	1

초점이 분명하고 바람직한 방향으로 소그룹을 운영									현상 유지의 방식 안에서 어디로 가는지 모르는 상황
10	9	8	7	6	5	4	3	2	1

소그룹 외부에서 사역이 일어난다.									모든 돌봄이 소그룹 내에서만 일어난다.
10	9	8	7	6	5	4	3	2	1

전도									안락함
10	9	8	7	6	5	4	3	2	1

불신자에게 다가가기는 중요하다.									불신자에게 다가가기는 부수적이다.
10	9	8	7	6	5	4	3	2	1

사역을 하고 책임감을 배우는 멤버들									모든 것을 다 하는 소그룹 리더와 예비 리더
10	9	8	7	6	5	4	3	2	1

소그룹 리더와 예비 리더는 "사역 중심이 아니라 사람 중심이다."									단지 소그룹이 적절하게 움직이고 있는지에만 관심을 보인다.
10	9	8	7	6	5	4	3	2	1

잘 조직된 어린이 시간									혼란스러운 어린이 시간
10	9	8	7	6	5	4	3	2	1

사역, 전도, 훈련의 균형	전도와 훈련에 대한 마음 없이 사역한다.

10 9 8 7 6 5 4 3 2 1

소그룹 리더가 예비 리더에게 리더십의 본이 되어 점진적으로 책임을 이양해서 예비 리더가 소그룹을 이끌고 있다.	소그룹 리더가 배가하기 바로 직전에 예비 리더에게 책임을 준다.

10 9 8 7 6 5 4 3 2 1

탁월한 방법으로 사역을 하는 소그룹	평범한 방법으로 사역을 하는 소그룹

10 9 8 7 6 5 4 3 2 1

소그룹 리더들을 개발하는 것이 우선이다. (새로운 소그룹 리더, 예비 리더, 훈련 중인 예비 리더들)	소그룹 리더만 리더로 보이고 예비 리더에 대한 비전은 없어 보인다.

10 9 8 7 6 5 4 3 2 1

시간이 조절된다.	리더십이 시간을 조절하는 대신 시간이 소그룹 리더를 조절한다.

10 9 8 7 6 5 4 3 2 1

소그룹 리더와 예비 리더가 사역의 목표를 분명히 이해하고 있다.	소그룹 리더와 예비 리더가 사역의 목표를 이해하지 못하고 있다.

10 9 8 7 6 5 4 3 2 1

소그룹 리더가 담당 교역자에게 충성되고 헌신되어 있다.									리더가 교역자의 말을 청종치 않아 소그룹이 제 갈 길로 간다.
10	9	8	7	6	5	4	3	2	1

준비시간과 기도 파트너가 있다.									기도 파트너나 준비 시간이 없다.
10	9	8	7	6	5	4	3	2	1

전체적인 평가

● 조언

____

____

____

____

● 제안할 수 있는 활동들

____

____

____

____

소그룹 리더들을 위한 조언 (5)

'소그룹 모임 계획서'란 무엇인가?

소그룹 모임 계획서는 소그룹 모임 중에 다른 사람들을 참여시킬 수 있도록 돕는 도구입니다. 작성하는 데 몇 분 걸리지 않습니다. 소그룹 멤버들은 집에서 접대하는 것, 다과를 가져오는 것, 광고를 하는 것, 손님들을 소개하는 것, 찬양을 인도하는 것, 아이스 브레이크를 하는 것, 전체 그룹을 인도하는 것, 또는 비전을 나누는 것에 자원하여 빈 칸에 서명을 합니다. 이 계획서를 이용함으로써 소그룹 모임의 책임들을 멤버들에게 위임하고 참여를 증진하게 됩니다. 소그룹 모임을 진행하는 사람은 이 계획서를 작성하여 소그룹 리더가 모임에 대해 걱정하지 않도록 도와줍니다. 다과를 나누거나 소그룹 모임 시작 직전에 이것을 사람들에게 나누어줍니다. 이 도구를 사용하면서 여러분의 그룹에서 하나님이 누구를 일으키시는지 보십시오. 우리는 숨겨져 있는 새로운 리더를 발견할 수 있습니다.

소그룹 리더들을 위한 조언 (6)

소그룹 리더로서 소그룹 멤버들을 위협하지 말라

- 여러분은 소그룹 모임이 정말로 잘 진행되도록 열심히 준비하십니까?
- 모임에서 여러분은 소그룹을 위해 모든 질문과 성경 말씀을 읽습니까?
- 여러분은 소그룹 멤버들이 여러분의 성경 지식으로부터 배울 수 있도록 질문을 철저히 설명해 주십니까?

여러분의 의도가 좋고 여러분이 소그룹으로부터 가장 많은 것을 얻기를 바랄지라도 멤버들은 여러분이 하고 있는 것을 보고 어려움을 느낄 수 있습니다. 그들은 아마도 '나는 결코 이 사람처럼 소그룹을 잘 이끌 수 없을 거야!' 라고 느낄 수 있습니다. 돕기를 갈망하는 대부분의 초신자들(심지어 새로운 신자가 아닌 사람들도)은 소그룹을 인도하는 것에 두려움을 느끼고, 좋은 소그룹 리더가 될 자격이 없는 것처럼 느낄 수 있습니다.

***여기에 실제적인 제안 몇 가지가 있습니다.**

1. 여러분은 소그룹 모임을 위해 준비해야 합니다. 소그룹 모임 전에 질문 내용과 성경 말씀을 읽으십시오. 성령님께서 질문을 통해서 멤버들의 삶 속에 나타나는 하나님의 계속되는 역사하심에 그들의 마음을 열도록 기도하십시오.
2. 차례대로 각 멤버가 질문을 읽고 묻도록 하십시오. 이 일은 멤버 각자가 소그룹을 이끄는 일을 더 편하게 느끼도록 도와줍니다.
3. 소그룹 멤버들이 질문에 답하게 하십시오. 가르치기 원하는 충동과 싸워 이기십시오! 좋은 조력자의 역할은 사람들로 하여금 조력자의 말을 듣게 하는 것이 아니라 말하게 하는 것입니다. 나누기 원하는 각 멤버들이 나눌 수 있도록 하십시오.

소그룹 리더들을 위한 조언 (7)

사역 책임에 대한 부담 나누기

소그룹 리더는 모든 것을 혼자서 할 수는 없습니다. 우리는 소그룹 안에서 사역의 목록을 정하고 다른 사람들이 특정한 사역 책임을 자원하여 맡도록 했습니다. 우리는 전화하고, 카드를 보내고, 기도하고, 게다가 재정적인 후원도 주는 그리고 다과나 음식을 주관하는 사역들을 하고 있습니다. 분명히 여러분의 소그룹 안에는 필요를 충족시키고자 하는 사람들이 있을 수 있습니다.

이 사역들에 참여함으로 많은 목적들이 이루어집니다. 첫째, 멤버들은 소그룹에 대한 소유권을 갖습니다. 소그룹은 멤버들의 것이지 소그룹 리더의 것이 아닙니다. 둘째, 소그룹은 사역의 짐을 나눕니다. 셋째, 이 일은 다른 사람들 안에 리더십을 세우고 책임감을 증진시킵니다. 넷째, 소그룹은 배가를 위한 준비를 돕습니다.

어떤 멤버들은 여러 가지 이유들 때문에 사역을 맡지 않고 있는데 그것도 좋습니다. 강제적이지는 않습니다. 우리는 사역자와 각 영역을 위한 '예비 리더'를 갖기를 바라고 소그룹이 배가되어야 하는 때가 올 때 이끌고 섬길 수 있는 사람을 준비하기 원합니다.

5과

전인적 소그룹 성장의 5단계(4)

__________ (Launching step) : 다가가기(사역)

- 과정 : 외부로 움직여서 의도적으로 전도에 좀더 초점을 맞추기
- 소그룹에서 강조점 : 비전 공유하기, 특별한 전도 행사들, 교회에 다니지 않는 사람들을 위해 기도하기
- 소그룹 리더의 역할 : 잃어버린 영혼에게 다가가는 데 초점을 맞추도록 격려한다. 예비 리더에게 더 많은 책임을 주고, 소그룹 리더가 피드백을 준다.
- 소그룹 외부 모임 : 믿지 않는 자와 접촉하기, 특별한 전도 행사들, 멤버들이 매주 전화 통화하기

전인적 소그룹의 존재 목적은 믿지 않는 사람들을 소그룹을 통해 전도하여 그리스도의 헌신된 제자가 되게 하는 것입니다. 소그룹 리더는 소그룹이 전도에 관심을 가질 수 있도록 격려하고 효과적인 계획을 세워야 합니다. 그러나 소그룹 멤버들이 함께할 때만 효과적인 사역이 될 것입니다.

1 사람들에게 다가가기 위한 ______의 단계

1. 모든 사람들은 매주 그들이 만나는 잃어버린 사람이나 부부들 중 한 명을 목표로 정합니다.

2. 모든 사람들은 전도 대상자를 위해 매일 기도에 헌신합니다.

3. 소그룹은 각 사람들의 목표 대상 목록을 만들고 사역(Works) 시간에 정기적으로 목록에 있는 사람들을 위해 기도합니다.

4. 당신이 목표로 정한 사람과 더 친밀한 관계를 가지도록 서로를 격려합니다(그들과 함께하도록 노력하십시오.).

5. 여러분이 목표로 정하고 기도하고 있는 사람들을 소그룹에 초대하여 사교적인 행사를 함께하십시오.
   행사에서 모든 사람들의 역할은 관계를 세우는 일에 노력하는 것입니다.

6. 소그룹 멤버들이 목표로 정한 사람들을 지속적으로 사랑해 줌으로 그들이 그리스도께 마음이 열리도록 합니다.

2 전도 행사들

여기 여러분이 목표로 삼고 기도해 온 사람들을 초청하기 위해 여러분의 소그룹이 할 수 있는 실제적인 아이디어 목록이 있습니다.

- 볼링
- 동물원
- 극장
- 통통배
- 게임의 밤
- 각자가 음식을 가져 와서 나누며 먹는 저녁 파티
- 인기 있는 음식점을 돌며 시식하기
- 함께 운동 경기 보기
- 여성들의 밤
- 지역 공동체의 행사들
- 해변 야유회
- 인라인 스케이팅 또는 롤러 스케이팅
- 스키 타기/ 보트 타기
- 야외 요리 파티
- 불꽃놀이/ 행렬
- 아이스크림 친교 시간(모두 아이스크림 위에 곁들일 과자를 가져온다.)
- 식당에서 함께 식사하기
- 휴일 소풍

- 낚시
- 남자들의 아침 식사 모임
- 학교 운동 경기 행사
- 알뜰 쇼핑
- 자동차 경주 보러 가기
- 공원
- 수영장 파티
- 크리스마스 캐럴 부르기
- 연극
- 골프

3 당신의 ________________ 측정하기

여러분의 영향력 범위 안에서 예수님을 주와 구세주로 알지 못하는 사람들은 누구입니까? 주어진 빈 칸에 잃어버린 친구, 이웃, 직장 동료 그리고 가족의 이름을 기록하십시오.

____

____

____

____

이제, 아래에 있는 기재 사항을 이용해서 A 타입의 불신자들을 동그라미하십시오. 이 사람들에게 더 많은 시간과 노력을 기울이십시오. A 타입의 불신자들은 하나님을 따르려는 욕구가 없는 많은 사람들에 비해서는 추수되기 직전에 있습니다.

A/B 타입이란?

A 타입

A 타입의 불신자들은 메신저인 여러분과 예수 그리스도의 메시지에 열려 있습니다. 만약 여러분이 그들을 위해 매일 기도하고 반복적으로 요청하면 아마 그들은 성경 공부에 오거나 소그룹 모임에 방문할 것입니다. 이 사람들은 '무엇인가' 를 찾고 있지만 아마도 그 '무엇인가' 가 무엇을 의미하는지 잘 모를 것입니다.

B 타입

B 타입의 불신자들은 지금 구원의 메시지에 열려 있지는 않지만, 그들은 메신저인 여러분과의 관계에는 열려 있습니다. 그들은 하나님에 관한 대화를 원치 않거나 여러분이 제안할 때 소그룹 모임에 방문하기를 원하지 않지만, 여러분과 여가 시간을 보내는 것을 즐깁니다. 그들은 자신들이 잃어버린 영혼이라는 사실을 깨닫지 못합니다.

[중보기도 점검표]

	1	2	3	4	5	6	7	8	9	10	11	12	13	14	15	16	17	18	19	20	21	22	23	24	25	26	27	28	29	30	31
1																															
2																															
3																															
4																															
5																															
6																															
7																															
8																															
9																															
10																															
11																															
12																															

** 세로 칸에는 매 달을 가리키는 숫자가 있습니다. 가로 칸에는 한 달의 날짜만큼 칸이 있습니다. 펜을 가지고 오늘의 칸에 표시해 보십시오. 이것을 여러분의 성경에 끼워두거나 화장실 거울에 붙여 두십시오. 여러분이 아래에 있는 축복의 목록에 있는 잃어버린 영혼들을 위해 기도할 때, 그 날에 해당하는 칸에 표시하십시오. 매일의 기도는 엄청난 추수를 거둡니다!

4 소그룹 축복 목록

여러분의 영향력 범위 안에서 예수님을 주와 구세주로 알지 못하는 사람들은 누구입니까? 주어진 빈 칸에 잃어버린 친구, 이웃, 직장 동료 그리고 가족의 이름을 기록하십시오.

1. ______________________________
2. ______________________________
3. ______________________________
4. ______________________________
5. ______________________________
6. ______________________________
7. ______________________________
8. ______________________________
9. ______________________________
10. ______________________________
11. ______________________________
12 ______________________________

소그룹 리더들을 위한 조언 (8)

잃어버린 영혼들과의 간격에 다리 놓기

예수님을 모르는 사람들은 잘못된 것 위에 그들의 삶을 세운 결과들을 어느 정도 맛보게 됩니다. 그것이 예수님을 아는 우리가 그들의 삶의 고통과 결과들을 해결하기 위해 그들이 진정으로 필요한 것을 주는 일에 수동적이어서는 안 되는 이유입니다. 그러나 문제는 대부분의 그리스도인들은 사람들이 예수님에 대해 듣는 것에 열리고 그분을 구주로 영접하도록 돕기 위하여 그들의 세계와 예수님과의 간격에 어떻게 다리를 놓을지를 모른다는 것입니다. 대부분의 그리스도인들은 불신자들이 설교에 가장 잘 반응하거나 자신을 그리스도께 향하게 하는 것들을 그냥 알게 된다고 생각합니다. 이런 생각이 가진 문제점은 대부분의 불신자들이 말씀을 듣기 전에 먼저 열린 상태여야 한다는 사실을 고려하지 않는 것입니다.
불행히도 대부분의 그리스도인들은 그 일을 하는 방법에 무지합니다. 그러나 제가 보아 온 바로는 이 일이 일어나는 가장 효과적인 방법은 마음을 한데 모은 소그룹들을 통해서입니다. 소그룹 멤버들이 불신자들을 사랑해서 그리스도에게로 마음을 열도록 함께 일할 수 있다는 것을 안다면 흥미진진할 것입니다.

여기에 방법이 있습니다.

1. 소그룹 멤버들은 관계 형성하는 것을 목표로 주변에서 한 명의 불신자를 고릅니다. (복음을 증거하거나 교회에 초청하기 위해서가 아니라 단지 어떻게 해서든지 그들의 삶 속으로 들어가기 위해)
2. 소그룹 멤버들은 그리스도를 향한 불신자들의 필요를 아는 것을 방해하는 장애물이 제거되도록 진지하게 기도합니다. 기도는 현대교회에서 가장 충분히 이용되지 않는 전도 도구입니다.
3. 소그룹 멤버들은 불신자들이 사랑을 받고 그리스도에게로 열리도록 함께 일하는 것에 헌신합니다. 첫째, 그들이 목표로 하는 사람들의 목록을 만들고 특별히 이들을 위해 기도하는 시간을 가집니다. 둘째, 목표로 하는 사람들을 초청하기 위해 모두가 함께하는 파티와 재미있는 행사들을 계획합니다. 이 부분에서 그들이 기도해 오고 있는 사람들과 좋은 관계를 형성하기 위해 모두가 함께 일합니다. 파티에서 그들이 구원되기를 기대하지는 마십시오. 그러나 만약 소그룹 멤버들이 이 일을 진심으로 한다면 시간이 지나 많은 사람들이 돌봄과 사랑받는 것을 느낄 것이고, 얼마 후에는 예수님에 대해 듣는 것에 열리기 시작할 것입니다. 그러고 나면 복음을 증거하거나 새가족 환영 예배에 그들을 초대할 시간이 다가올 것입니다.

만약 우리가 교회를 다니지 않는 사람들에게 진심으로 다가가는 것에 헌신된 교회가 되려면 영적인 것에 관심이 없는 잃어버린 영혼들과 좋은 관계를 형성하는 데에 더 관심을 두어야 합니다. 예수님은 비록 사람들이 그 사실을 모른다 할지라도 그들을 찾고 있는 분입니다. 그러나 어떻게 사람들이 잘 듣게 할 수 있습니까? 정답은 사랑입니다. 이것은 여러분이 기독교적인 편안한 영역에서 빠져 나와 그들의 세계로 들어가기 위해 걸음을 내딛는 것입니다. 그리고 사람들을 사랑해서 상상하는 것보다 훨씬 더 그들을 사랑하시는 구세주에 대해 마음을 열도록 소그룹 멤버들이 함께 일하는 것을 의미합니다.

소그룹 리더들을 위한 조언 (9)

중요한 것은 관계입니다

전형적인 불신자들은 '나는 한 소그룹을 찾아 이미 꽉 찬 나의 일정에 또 다른 스케줄을 추가하고 또한 그 모임에 있는 동안 주일 오전 예배에 참석하고 싶어집니다'라고 생각하지 않습니다. 불신자들이 원하는 것은 진정으로 그들을 사랑하고 도와주는 사람들과의 관계입니다. 이것이 사람들을 사랑해서 그리스도에게 마음을 열도록 하는 데 소그룹보다 더 나은 수단이 없는 이유입니다. 그러나 불신자들은 여러분의 소그룹 모임에 오기를 원치 않을 것입니다. 만약 불신자들과의 관계에 다리를 놓는 일에 열심을 낸다면 그들은 여러분의 소그룹이 하는 파티나 재미있는 행사에 올 것입니다. 만약 여러분의 소그룹 멤버들이 함께 일한다면 그들은 '나의' 친구가 되는 것에서 '우리의' 친구가 될 수 있습니다.

그런 일이 일어난 후에 그들이 그리스도께 열리는 기회는 소그룹 멤버들과 형성한 관계에서 옵니다. 그러므로 여러분의 주변에 있는 잃어버린 사람들(이웃, 직장 동료들 등)을 향해 우정의 다리를 만드는 일을 시작하십시오. 그런 후에 소그룹이 함께 이 사람들을 위해서 기도하고 그들을 초대하기 위한 파티들을 계획하기 시작하십시오. 여러분은 그리스도를 위해 사람들을 사랑하는 이 일을 함께 할 수 있습니다.

소그룹 리더들을 위한 조언 (10)

재미있는 행사가 되도록 미리 계획하기

여러분이 좋은 관계를 형성하기 위해 기도하며 노력하고 있는 사람들을 초청하기 위해 소그룹이 함께하는 재미있는 행사를 하게 될 때 중요한 것은 계획을 일찍 세우는 것입니다. 소그룹에서 종종 목표로 삼고 있는 사람들에게 다가가기 위한 행사를 효과적으로 하지 못하는 이유는 미리 계획하지 않았기 때문입니다.

행사를 위해서 3~4주 전에 미리 계획하는 것이 필요합니다.
여기에 여러분이 알아야 할 몇 가지 중요한 요소들이 있습니다.

- 무엇을 합니까?(소풍, 함께 동물원 가기 등)
- 어디서 할 것입니까?(장소)
- 언제 시작할 것입니까?(시간)
- 무엇을 가져와야 합니까?(준비물)

일단 이러한 세부사항이 정해지면 여러분은 불신자에게 열린 마음으로 서로 친구가 되기 원하는 소그룹 멤버들과 함께 행사에 필요한 일들을 시작할 수 있습니다. 이런 재미있는 행사들을 하기 위해 여러분에게는 다음의 세 가지 일을 할 적절한 시간이 필요합니다.
(1) 사람들을 초대한다.
(2) 그들이 오도록 계속 기도한다.
(3) 그들에게 상기시키고 다시 초청한다.

그러므로 여러분의 계획을 짜기 위해 행사 전 주까지 기다리지 마십시오. 만약 여러분의 소그룹이 다음 달에 행사를 할 것이라면 지금 바로 계획을 세우십시오.

6과

전인적 소그룹 성장의 5단계(5)

____________ (Leaving step) : 배가

- 과정 : 건강한 소그룹이 탄생하기 위해서는 준비가 필요하다.
- 소그룹에서 강조점 : 비전 나누기, 새로운 탄생 축하하기
- 소그룹 리더의 역할 : 배가를 장려하기, 예배 리더가 잘 하는지에 대해 소그룹 리더가 피드백하기, 소그룹 리더의 모든 주요 책임을 위임함으로 소그룹 리더가 휴식과 회복을 경험하도록 한다.
- 소그룹 외부 모임 : 함께 탄생을 축하해 주기

성장하지 않는 생명체는 죽은 것입니다. 소그룹도 배가하지 않는다면 죽어가고 있는 것입니다. 다음에서 소그룹을 배가하는 실제적인 방법들을 배우게 됩니다.

1 소그룹 배가의 ______

창 1:28상 하나님이 그들에게 복을 주시며 그들에게 이르시되 생육하고 번성하여 땅에 충만하라.

✲ 하나님은 창조하신 모든 것 안에, 즉 하나님이 만드신 모든 것 안에 잠재적인 씨를 심어 놓으셔서 그것이 종을 따라 배가하고 재생산하도록 능력을 불어넣으셨습니다. 그분은 창조의 목적을 열매를 많이 맺고 번식하는 것으로 특징 지으셨습니다.

✲ 하나님의 창조의 원래 목적은 재생산하는 것입니다. 죄를 통한 마귀의 목표는 번식 과정을 타락시키고 경건한 씨앗을 파괴하는 것입니다. 예수님은 십자가에서 그분의 피를 통해 죄의 저주를 끊고 하나님의 씨(요한일서 3:9)를 회복시키고 우리에게 재생산하는 원래의 목적(디모데후서 2:2)으로 돌아가라고 명령하십니다.

✲ 그리스도의 몸의 모든 지체가 자기 안에 있는 재생산하는 잠재력을 깨닫는 것은 필수적입니다. 소그룹 멤버들은 삶의 중요성을 알고 창세전에 이 특별한 목적을 위해 자신이 창조되었다는 것을 깨달아야 합니다(에베소서 1:11-12, 2:10).

✲ 건강한 소그룹은 일반적으로 6개월에서 1년 내에 배가합니다. 만약 1년 안에 소그룹이 배가하지 않는다면 무엇인가 조치를 취해야 합니다. 그렇지 않으면 그 소그룹은 소멸될 것입니다.

2 소그룹 배가의 ___________

소그룹을 배가하기 전에 배가를 위한 전제조건들이 있습니다.
(배가 요소들이 준비되었는지 점검해 보십시오.)

- 정기적으로 출석하는 최소한 12명의 성인 핵심 멤버들
- 다음의 기준을 충족하는 예비 리더들

✲ 소그룹 모임에 간헐적이 아니라 정기적으로 참석함

✲ 리더십을 존중하는 자세를 지님

✲ 효과적인 소그룹 인도 방법들을 개발시켜 옴

✲ 리더에 대한 소명이 있음

✲ 리더십 과정을 통과함

—새신자반

—양육 1단계~5단계

—소그룹 담당 교역자와 면담

—위임을 통한 사역

—소그룹 행사와 리더십 모임에 참석

3 소그룹 배가의 단계

1. 소그룹 배가 과정 전

■ 핵심 리더들이 기도하는 시간을 갖는다.

- 소그룹 멤버들이 하나님의 뜻에 열리기 위해 기도하는 시간을 갖는다.
- 소그룹 담당 교역자가 소그룹 리더와 예비 리더를 만난다.
- 각 소그룹에 어떤 멤버가 가는지를 논의한다.

2. 소그룹 배가의 날 이전(선택사항)

소그룹을 배가하기 전에 여러분은 여러 주(2~6주) 동안 2개의 그룹으로 나누는 것을 고려해 볼 것입니다. 이 과정은 소그룹 멤버들이 배가의 과정을 점진적으로 경험하기 시작하도록 도와줍니다. 여러분은 다과회를 가지고 함께 찬양을 한 다음에 리더는 자신의 그룹을 데리고 한쪽 방으로 가고 예비 리더도 자신의 그룹을 데리고 다른 방으로 갑니다. 그들은 모임을 마치기 위해 다시 함께 모입니다.

3. 소그룹 배가의 날

- 소그룹 모임의 마지막에 배가 파티를 위해 두 개의 초와 케이크를 가져옵니다.
- 담당 교역자가 참여해서 모임을 장려합니다.
- 담당 교역자가 소그룹의 비전과 배가의 목적을 나눕니다.
- 자신들에게 소그룹이 어떤 의미인지를 모든 사람이 나누도록(1분이 넘지 않도록) 합니다.(예비 리더와 소그룹 리더가 마지막으로 나눕니다.)
- 예비 리더(새 소그룹 리더)를 리더로서 기름 부어 달라고 그에게 손을 얹고 기도합니다.
- 또한 소그룹 리더를 위해서도 기도합니다.
- 소그룹의 사역들을 위해 통성으로 기도합니다.

- 두 소그룹은 각기 다른 방에서 모입니다.
- 다음 주의 모임을 논의하십시오.
- 기도로 마치십시오.
- 모두가 축하하고 케이크를 자르기 위해 돌아와서 함께 모입니다.
- 새로운 탄생을 상징하기 위해 하나의 초로 다른 하나에 불을 붙입니다.

4 소그룹 배가를 위한 ____________

—소그룹이 만날 수 있는 장소를 마련합니다.
—리더가 모임 형태를 사전에 수정할 수 있습니다.
—리더가 소그룹 배가의 비전에 대해 동기를 부여하고 정기적으로 나눕니다.
—예비 리더가 그룹에 속해 있습니다.
—소그룹 리더와 예비 리더가 좋은 태도를 지니고 있습니다.
—훈련 중인 2명의 잠재적인 예비 리더들이 있습니다.
—전인적 소그룹 성장의 5단계를 마쳤습니다.

5 소그룹 배가의 ____________

—현재 있는 그룹을 2개의 그룹으로 배가합니다.
—현재 그룹을 3개의 그룹으로 배가합니다.
—현재 그룹을 다른 그룹과 합쳐서 새로운 비전과 함께 2개나 3개의

새로운 그룹으로 배가합니다.(이것은 성장을 멈추고 내부로 관심이 돌아섰거나 핵심 리더가 없는 소그룹에 효과가 있습니다.)

–현재 소그룹에서 새로운 그룹들을 만들거나 시작하기 위해 리더들을 보냅니다.

6 소그룹 배가를 위한 제안

- 친밀한 관계를 가진 사람들이 여러분을 도와 함께 일하게 하십시오.(예를 들면, 기도 파트너가 처음 배가하는 일을 위해 함께할 수 있습니다.)
- 2개의 새로운 소그룹이 아래의 것에 대해 반드시 건강한 균형을 갖게 하십시오.
  –리더십
  –어린이와 청소년
  –특별한 은혜가 필요한 사람들
  –새로운 그리스도인들
  –믿음이 강한 그리스도인들
  –방문자들
  –은사
- 만약 가능하다면 지역적으로 배가하십시오. 그러나 이것은 제 3의 문제이고 친밀한 관계들과 건강한 균형이 우선된다는 사실에 유념하십시오.

전인적 소그룹 배가작업 계획표

- 소그룹 배가의 전제조건이 고려되었다.
- 소그룹 배가의 선택사항이 고려되었다.
- 소그룹 배가를 위한 제안이 사용되었다.
- 친밀한 관계를 가진 사람들이 여러분을 도와 함께 일하게 하십시오.(예를 들면, 기도 파트너가 처음 배가하는 일을 위해 함께할 수 있습니다.)
- 2개의 새로운 소그룹이 아래의 것에 대해 반드시 건강한 균형을 갖게 하십시오.:

  –리더십

  –어린이와 청소년

  –특별한 은혜가 필요한 사람들

  –새로운 그리스도인들

  –믿음이 강한 그리스도인들

  –방문자들

  –은사
- 만약 가능하다면, 지역적으로 배가하십시오. 그러나 이것은 제 3의 문제이고 친밀한 관계들과 건강한 균형이 우선된다는 사실에 유념하십시오.
- 소그룹 배가의 단계가 행해졌습니까?
- 소그룹 배가 날짜

A그룹 성인들

1. 소그룹 리더 ________________
2. 훈련 중인 예비 리더__________
3. 접대자 ____________________
4.
5.
6.
7.
8.
9.
10.
11.
12.

B그룹 성인들

1. 소그룹 리더 ________________
2. 훈련 중인 예비 리더__________
3. 접대자 ____________________
4.
5.
6.
7.
8.
9.
10.
11.
12.

어린이	나이
1.	
2.	
3.	
4.	
5.	
6.	

어린이	나이
1.	
2.	
3.	
4.	
5.	
6.	

소그룹 리더들을 위한 조언 (11)

도와주세요! 나는 예비 리더가 필요합니다

도와주세요! 내 소그룹은 성장하고 있는데 나서서 훈련을 받을 사람이 없고 양육하던 예비 리더를 두 달 전에 잃었습니다. 어떻게 해야 할까요? 잠시 돌이켜 생각해 보십시오. 지금 당신은 소그룹 리더이고 그것이 하나님의 부르심의 일부분이라는 것을 알기 때문에 이 일을 사랑하거나 견디고 있는 것입니다(잠시 동안이기에 희망을 가지고). 나도 역시 소그룹 리더입니다. 여하튼, 우리가 어떻게 이 일을 하게 되었을까요?

나는 그 날 일어난 모든 일을 너무도 잘 기억합니다. 목사님이 우리의 모임(그날은 목사님이 우리 소그룹과 함께하였습니다.) 후에 내게 다가와서는 다음 주 중에 점심을 같이 할 수 있는지 물었습니다. 목사님은 엄청나게 바쁘셨고 내가 개인적인 친구로서는 잘 알지 못했지만 아주 존경하는 분이었습니다. 나는 날짜를 잡고 이틀 후에 식당에서 그를 만났습니다. 함께한 점심 시간 대부분 우리는 웃고 인생, 가족들과 취미들에 대해 이야기했습니다. 나는 목사님이 내 친구가 되려 하고 있다는 것을 알 수 있었습니다. 와우! 내가 목사님과 친구가 되고 있다니!

그 다음 주 그는 멤버의 관점에서 소그룹 모임 진행에 대해 어떻게 생각하는지를 알기 위해 내게 전화를 했습니다. 나는 그에게 내 생각을 말했고 상당히 솔직하게 만약 내가 소그룹 리더라면 다른 방식으로 일할 것이라고 말했습니다. 그는 내 의견에 대해 감사했고 또 다른 날 점심 식사 약속을 잡았습니다. 두 번째 점심에서 그는 내게 다음 소그룹 리더 회의에 올 수 있는지 물었습니다. 그는 내가 소그룹 리더는 아니지만 그가 생각하기에 내가 소그룹에서 많은 것을 배웠고 또한 가치 있는 정보를 다른 리더들에게 줄 수 있을 거라고 말했습니다. 나는 교회의 또 다른 모임에 참석하기 원했기 때문이 아니라 훌륭한 멘토와 새로운 친구가 되어주신 목사님이 나를 초대했기 때문에 동의했습니다.

한 달 안에 그는 또 다른 만남의 날짜를 잡았는데 이번에는 6시 아침 식사 모임이었습니다. 나는 6시 전에 일어날 사람이 있을까 의아했지만 아침 일찍 일어나서 정장을 하고 약속 장소로 향했습니다. 나는 5분 늦었지만 도착하자 목사님과 내 소그룹 리더가 두 번째 커피를 마시면서 앉아 있는 것을 보았습니다.
그들은 기도하면서 5시 30분부터 나를 기다리며 그곳에 있었던 것입니다. 내 소그룹 리더를 봤을 때 나는 '내가 큰 문제에 빠졌구나. 내가 소그룹 리더라면 다른 방식으로 일했을 것이라고 말하지 말았어야 했는데……' 라고 생각했습니다. 그러나 그 얘기는 그 날 아침에 결코 나오지 않았습니다.

목사님이 말씀하신 것은 내가 하나님과 더 깊이 교제하고 그분을 섬기기 원하는지를 알기 위해 함께 충분한 시간을 보냈다는 것이었습니다. 내 소그룹 리더가 저에 대해 다소 자랑을 했고 그가 잠재적인 리더로서 내 이름을 목사님에게 알려주었다고 말했습니다. 그 날 아침에 나는 리더의 역할을 맡으라고 지시를 받았습니다. 그들은 내가 스스로를 볼 때 많은 문제들을 가지고 있는 한 남자로밖에 보이지 않음에도 불구하고, 모든 단계에서 나를 돕겠다고 내 안에 리더가 요구하는 자질이 있음을 볼 수 있었다고 나를 설득했습니다. 나는 내가 준비되었다고 생각하지는 않지만 나의 소그룹 리더가 수 주 동안 나를 준비시켜 온 것을 약간은 알고 있었다고 말했습니다. 나는 소그룹 모임의 순서를 더 자주 맡았고 작은 사역(누군가에게 전화하기, 그림 그리는 일을 돕기 등)이 주어졌습니다.

여기에 나의 경험에 기초해서 소그룹에서 더 많은 리더들을 얻는 방법이 있습니다.

1) 모임의 순서들을 다른 사람들에게 위임하십시오. 그들이 알지 못하게 시험해 보십시오.
2) 소그룹에 있는 모든 사람을 잠재적인 리더로 보십시오. 이 새로운 패러다임과 함께 리더가 되지 못하도록 그들을 막고 있는 것이 무엇입니까?
3) 여러분의 목사님이나 담당 교역자에게 사적인 만남을 통해 잠재적인 리더들을 일대일로 방문해 달라고 부탁하십시오. 그들은 이것을 위해 시간을 낼 것입니다. 왜냐하면 어느 날 여러분의 예비 리더들을 그들에게 직접 보고하게 될 것이기 때문입니다. 그 관계가 일찍 시작되도록 하면 여러분은 홀로 그 일을 하려고 했을 때보다 더 많은 리더들을 갖게 될 것입니다. 보증합니다.
4) 모임을 마련해서 그들 안에 리더로서의 자질이 있고 여러분이 모든 도움과 필요한 후원을 해주겠다고 설득하면서 그들을 리더로 세워주십시오.
5) 모든 전략적인 과정을 기도로 하고 멈추지 마십시오. 쉬지 말고 간구하십시오.

* 기억하십시오 : 전인적 소그룹과 리더십은 모두 관계에 의한 것입니다. 여러분과 담당 교역자가 해야 할 일은 멤버들이 모임이 아닌 관계를 통해 성장하게 하는 것입니다.

소그룹 리더들을 위한 조언 (12)

예비 리더를 훈련하는 방법

예비 리더가 되는 것은 가치가 있는 반면, 힘든 일이 될 수 있습니다. 여기에 열거된 10가지 기술들은 모두 예비 리더를 훈련하는 사역자들이 사용해야 하는 것들입니다.

1. **간구하십시오.** 예수님은 제자들을 부르시기 전뿐 아니라, 지상 사역의 마지막(요한복음 17:6–19)에도 기도하셨습니다. 그리고 의심의 여지없이 그들과 보낸 삼 년 동안에도 기도하셨습니다. 왜일까요?

✲ 보호(11절) : 한 사람이 준비된 후에 소그룹을 이끌기 시작할 때, 예비 리더는 반드시 사단의 포화를 받을 것입니다. 사단은 제자를 만드는 리더가 태어나고 내보내질 때 그의 어둠의 나라 일부분들도 잃게 됩니다. 그러므로 하나님께서 그분의 능력으로 그 사람을 보호해 주시도록 기도하십시오.

✲ 기쁨(13절) : 제자를 만드는 일은 기쁜 경험이어야 합니다. 그것은 어렵고 희생을 요구할지 모르지만, 나는 인생에서 그것이 가장 즐거운 경험이 되어야 한다고 믿습니다. 우리는 하나님의 임무를 수행하면서 그분의 사역을 감당하고 있습니다. 이것보다 무엇이 더 기쁠 수가 있겠습니까? 그러나 사단은 우리에게서 기쁨을 빼앗길 원합니다. 그는 우리에게 환경들을 보게 함으로 만족하지 못하기를 원합니다. 예비 리더들이 사역 안에서 기뻐할 수 있게 해달라고 하나님께 기도하십시오.

✲ 성화(17–19절) : 성화는 우리가 세속적인 것에서 떠나 하나님께 헌신되는 것을 의미합니다. 예비 리더의 신분은 영적인 리더십이고 하나님의 일에 초점을 맞추는 것을 요구합니다. 예비 리더에게 완전함을 기대할 수는 없지만 우리는 하나님께서 그를 정화해주시도록 기도할 필요가 있습니다. 매일의 삶에서 그가 거룩해지도록 기도하십시오. 예비 리더가 모범이 되어 다른 사람들을 영적으로 지도할 수 있는 것은 오직 이 성화의 과정을 통해서입니다. 18절과 19절은 제자를 만드는 리더를 위해 필수적인 것입니다. 예수님은 아버지께서 그분을 세상에 보낸 것과 같이 예수님도 제자들을 세상에 보낸다고 말씀하셨습니다. 우리가 보냄

받은 것처럼 우리는 그룹을 지도할 다른 누군가를 준비하고 보내는 아주 멋진 책임을 가지고 있습니다. 이것이 바로 진정한 제자도입니다.

예수님은 스스로를 성결케 하셨으니 제자들도 진정으로 성결케 되어야 한다고 말씀하셨습니다. 그분은 사람들이 따를 만한 모범적인 거룩하고 헌신된 삶을 사셨습니다. 여러분이 예비 리더를 훈련할 때, 제자를 만드는 리더로서 행동에 모범을 보여야 합니다. 오직 기도를 통해서만 이것을 효과적으로 할 수 있습니다. 예비 리더를 얻은 후에 계속적으로 그를 개인기도 시간에 하나님께 올려드리십시오. 그의 필요를 채우시고 그리스도와 동행하도록 기도하십시오. 또한 그와 함께 정기적으로 기도하는 시간을 가지십시오. 그와 만나서 소그룹의 멤버들, 초대될 사람들, 소그룹의 전도 방향에 대해서 기도하고 리더에 대한 기도도 부탁하십시오.

2. **시작하십시오.** 예비 리더와 비전을 나누십시오. 그에게 훈련이 얼마나 중요한지 말하십시오. 만약 마음속에 그의 발전을 위한 계획이 있다면 그것을 나누되 서둘러서 되는 일이 아니라는 것을 알게 하십시오. 소그룹과도 비전을 나누십시오. 소그룹 멤버들이 예비 리더의 실제 훈련의 한 부분을 감당하게 하십시오. 예를 들면 예비 리더가 처음으로 소그룹을 인도할 때 멤버들이 그를 격려하게 하는 것입니다. 소그룹의 목표에서 큰 부분은 새로운 그룹이 태어나도록 돕는 것이기 때문에 모두가 예비 리더의 발전을 후원해야 합니다.

3. **양성하십시오.** 소그룹 모임을 계획하는 일에 예비 리더를 참여시켜서 준비하는 과정에서 어떤 일이 일어나는지를 보도록 하십시오. 단계별로 조금씩 예비 리더를 참여시키십시오. 여러분이 준비해 온 계획을 평가하기 위해 예비 리더에게 물어보는 것으로 시작하십시오. 그 후에 그에게 아이 돌보는 것이나 모임을 위해 멤버들에게 전화하는 것과 같은 임무를 맡기십시오. 그러고 나서 그에게 다음 소그룹 시간을 인도할 실제적인 토의 질문들을 함께 계획하자고 요청하십시오.

4. **실제로 해 보이십시오.** 그것은 가르치는 것보다 더 빨리 이해되도록 합니다. 예비 리더는 여러분이 알고 있는 것보다 훨씬 많이 여러분을 관찰하는 것으로

부터 배울 것입니다. 그는 여러분의 리더십 기술의 실제를 지켜보고 평가할 것입니다. 예비 리더는 여러분이 어떻게 사람들을 돌보고, 모임의 다른 부분들을 인도하며, 부정적인 상황들을 어떻게 처리하는지 여러분이 행사하는 리더십의 여러 가지 유형을 보고 평가할 것입니다. 리더십의 모델로서 여러분을 진지하게 받아들이고 있는 예비 리더가 여러분을 격려하고 있다는 것도 인식하십시오.

5. **의사소통하십시오.** 모임들에 대해 함께 대화를 나누십시오. 그에게 여러분의 성과를 평가하도록 요청하십시오. 그러면 그는 모임을 인도하는 기술들을 습득하기 위해 모임을 자세히 관찰할 것입니다. 계속적으로 여러분이 하고 있는 일과 그 이유를 논의하고 그가 질문을 하도록 격려하십시오.

평가는 여러 가지 방법들로 일을 진행시키는 기술입니다. 예비 리더가 모임을 정밀하게 살피고 성과를 평가할 때 많은 것을 배우게 됩니다. 또한 예비 리더가 여러분의 성과를 관찰하고 평가함으로써 여러분은 더 좋은 리더가 될 수 있습니다. 더구나 평가는 리더들과 예비 리더들이 귀납적으로 생각하도록 돕습니다. 평가는 누가, 어디서, 언제, 무엇을, 왜, 그리고 어떻게란 질문을 하는 것입니다. 이것은 비난하는 것 대신에 세워주는 삶을 위한 긍정적이고 비판적인 접근을 서로에게 제공합니다. (대부분의 사람들은 사기를 꺾는 종류의 평가를 경험해 왔습니다.)

6. **모의 훈련을 하십시오.** 그룹 밖에서도 훈련에 유용한 특정한 도구들이 있습니다. 그런 도구 중의 하나가 역할 연기인데 예비 리더가 만나게 될 상황을 연출해서 그의 반응을 평가하십시오. 또 다른 도구는 가정 게임입니다. 여러분이 상황이나 대화들을 가정해서 던져 주고 예비 리더가 어떻게 반응할 것인지를 물어보십시오. 모의 훈련은 실수가 확대되지 않고 개선될 수 있는 환경에서 예비 리더를 훈련하게 합니다.

7. **위임하십시오.** 모의 훈련보다 한 걸음 더 나아간 것이 위임입니다. 여러분은 예비 리더가 모임의 어떤 부분들을 인도하도록 할 수 있습니다. 처음 몇 주 동안은 성경을 낭독하는 것에 참여시킬 수 있습니다. 그러고 나서 그에게 기도시

간이나 환영(Welcome) 시간을 인도하도록 부탁하십시오. 또 말씀(Word) 시간을 위임하십시오. 이런 방식으로 여러분은 그가 전체 모임을 인도할 수 있을 때까지 책임, 권위, 그리고 기회를 계속해서 줄 수 있습니다.

8. **평가하십시오.** 그가 소그룹 모임 안에서 어떻게 하고 있는지 분석하십시오. 여러분의 비평에 따라 예비 리더가 건설적으로 바뀔 수 있습니다. 예비 리더가 잘하고 있는 부분을 많이 칭찬하십시오.

9. **기다리십시오.** 제자를 만드는 것은 시간, 인내, 수고와 사랑이 필요한 과정이라는 것을 기억하십시오. 여러분 둘 다 서로에게 시간을 헌신할 수 있어야 합니다. 제자를 만드는 자로서 예수님의 예를 따르십시오. 누군가를 제자 삼을 때 여러분은 실질적으로 그분의 삶에 참여하게 되는 것입니다.: 그분의 스트레스, 선택, 중요한 관계들, 연약함들, 그리고 강점들, 그리고 이 관계의 마지막 결과 또는 목표는 여러분 둘 다 예수 그리스도를 좀 더 닮게 되는 것입니다.

10. **지지하십시오.** 이 관계는 예비 리더가 그의 그룹을 인도할 때도 끝나지 않습니다. 모임들을 인도하는 것에 대한 방향을 주는 멘토로 있으십시오. 더 중요한 것은 새로운 리더가 그의 예비 리더를 양육하기 시작할 때, 그 새로운 리더를 멘토링하는 것입니다. 그는 여러분과 함께 일한 경험을 통해 사역하는 법을 배워 왔습니다. 여러분의 도움 없이 이제 그는 그의 예비 리더를 리더가 되도록 훈련할 것입니다. 그리고 그의 제자 또한 예비 리더 양육자가 될 것입니다. 디모데후서 2장 2절은 제자도를 가장 잘 나타내고 있습니다. "또 네가 많은 증인 앞에서 내게 들은 바를 충성된 사람들에게 부탁하라 저희가 또 다른 사람들을 가르칠 수 있으리라." 우리가 제자를 양육하고 그들을 제자를 양육하는 자로 준비시킬 때 우리는 계속해서 다시 사역을 배가시킵니다. 그것이 예수님께서 대위임령을 주셨을 때 원하셨던 것입니다. "가서 제자 삼으라……."

교회 멤버 서약

저는 그리스도를 주와 구세주로 영접하고 세례를 받고, 교회의 사명과 목적에 동의합니다. 지금 저는 성령께서 인도하셔서 교회 가족과 하나 되게 하시는 것을 느낍니다. 다음과 같은 일을 통해서 제 자신을 하나님과 다른 멤버들에게 헌신할 것을 서약합니다.

1. 저는 교회의 하나 됨을 보호할 것입니다.
   - 다른 멤버들을 향한 사랑의 행동을 하겠습니다.
   - 험담하는 것을 거절하겠습니다.
   - 리더들을 따르겠습니다.
2. 저는 교회의 책임을 나눌 것입니다.
   - 교회의 성장을 위해 기도하겠습니다.
   - 교회에 다니지 않는 사람이 예배에 참석하도록 초청하겠습니다.
   - 방문하는 사람들을 따뜻하게 환영하겠습니다.
3. 저는 사역을 통해 교회를 섬길 것입니다.
   - 은사들과 재능들을 발견하겠습니다.
   - 섬기기 위해 준비하겠습니다.
   - 종의 마음을 개발하겠습니다.
4. 저는 교회의 신앙생활을 성실히 하겠습니다.
   - 성실하게 참석하겠습니다.
   - 경건한 삶을 살겠습니다.
   - 정기적인 헌금을 하겠습니다.

이름 ______________________ 날짜 ______________________

소그룹 리더/ 예비 리더 서약

소그룹 리더/예비 리더로서 내 의무는? (네모 안을 체크하십시오.)

- ☐ 하나님과 시간을 보내는 일에 지속적으로 헌신하여 그리스도인의 생활 방식을 따르는 것
- ☐ 성령님에 의해 인도받고 다스려지는 것
- ☐ 건강한 가정생활을 지키기 위해 가족과 질적인 시간을 지속적으로 보내는 것
- ☐ 나를 부르신 하나님의 위대한 일에 헌신되어 예배에 적극적으로 참여하고 맡겨진 리더십에 충성하는 것
- ☐ 십일조, 헌금, 시간과 재능을 드리는 신실한 청지기가 되는 것
- ☐ 리더들을 신뢰하고 책임을 다하는 것
- ☐ 소그룹 행사와 리더십 행사(리더십 회의 등)에 참석하는 데 헌신하는 것
- ☐ 양육 과정의 모든 단계를 마치고 교회의 정규 멤버가 되는 것
- ☐ 멤버들을 격려하고 예수 그리스도께 온전히 헌신된 제자가 되도록 준비시키는 것
- ☐ 소그룹 사람들의 영적인 책임을 기꺼이 맡아 그들의 영적인 성장, 치유, 변화 그리고 성숙을 돕는 것
- ☐ 소그룹에 속한 사람들을 위해 정기적으로 기도하는 것
- ☐ 함께 시간을 보내면서 소그룹 멤버들의 삶 속으로 들어가는 것
- ☐ 매주 소그룹 모임 보고서를 작성하여 제출하는 것
- ☐ 수행할 수 없게 된 행사(영적인, 정서적인 또는 신체적인 이유)에 대해 담당 교역자와 방향을 찾기 위해 기도하고 나누는 것
- ☐ 내게 사역을 수행하는 것을 가로막는 삶의 문제들을 해결할 개인적인 시간이 필요하다고 담당 교역자가 조언할 때 기도로 방향을 찾으며 잠시 동안 기꺼이 리더의 자리를 내려놓는 것
- ☐ 예수님과 교회를 대표하는 자라는 특권을 마음에 품고 긍정적인 태도와 다른 이들을 감화시키는 열정을 유지하는 것

이름 ______________________ 날짜 ______________________

[교회 양육 시스템]

1단계(새가족) : 우리는 무엇을 믿는가?

↓ 예수님 안에서 성장하기

2단계(성숙) : 어떻게 믿음이 성장하는가?
(성경 공부와 기도 습관 만들기)

↓ 예수님 안에서 사역하기

3단계(사역) : 어떻게 은사를 사용하는가?

↓ 예수님을 전하기

4단계(전도) : 어떻게 믿음을 쉽게 나눌 수 있는가?
(전도를 삶의 부분으로 만들기)

↓ 예수님의 제자 삼기

5단계(소그룹 리더) : 소그룹 리더십을 어떻게 개발하는가?

수고하셨습니다!

"오직 성령이 너희에게 임하시면 너희가 권능을 받고 예루살렘과 온 유대와 사마리아 땅 끝까지 이르러 내 증인이 되리라 하시니라"(행 1:8)

부록 1 소그룹 모임 계획서

이 계획서는 소그룹 모임의 각 순서에 대해 멤버들이 자원해서 참여하게 합니다. 멤버들이 담당하고 싶은 순서의 서명 란에 서명을 하게 합니다. 작성된 계획서는 소그룹 모임의 각 순서를 맡은 사람들과 계속 연락하기 위해서 소그룹 리더가 사용할 수 있습니다.

- 소그룹 리더 : ______________________
- 모 임 날 짜 : ______________________
- 모 임 장 소 : ______________________

소그룹 모임의 순서들	서 명 란
다 과	
광 고	소그룹 리더
광고자 소개	
아이스 브레이크	
예배(Worship)	
말씀(Word)	
사역(Works)	
어린이 돌보기	
전 화	

부록 2 소그룹 인도 지침

일러두기

1.
2.
3.

환영(Welcome)/ (　　　분)

- 다과
- 멤버들을 소개하십시오.
- 광고사항을 읽으십시오.
- 아이스 브레이크

예배(Worship)/ (　　　분)

- 하나님의 임재 경험하기
  두세 사람이 내 이름으로 모인 곳에는 나도 그들 중에 있느니라(마 18:20)
- 교회에서 제공하는 예배 순서에 따라 예배를 인도하십시오.

말씀(Word)/ (　　　분)

아래 질문을 사용해서 함께 나누십시오.
나누실 때 나누는 분의 이름을 먼저 말씀해 주십시오.

1.
2.
3.
4.
5.
6.

사역(Works)/ (　　　분)

중요합니다! 건너뛰지 마십시오!

-

부록 3 소그룹 모임 보고서

■ 소그룹 명 ________________ ■ 모임 장소 ________________

■ 소그룹 리더 ______________ ■ 예비 리더 ________________

모임 날짜	년 월 일	시작	시 분	마침	시 분
성인	명	청소년 (14~19)	시 분	어린이 (0~13)	시 분

참석자 성명

1.
2.
3.
4.
5.
6.
7.
8.
9.
10.
11.
12.

방문자 성명

1.
2.
3.
4.
5.
6.

1. 여러분의 소그룹 모임은 어떻게 진행됩니까?

누가 했는지 목록에 적으십시오 :

- 다 과 : ______________________
- 아이 돌보기 : ______________________
- 환영(Welcome) : ______________________
- 찬 양 : ______________________
- 말씀(Word) : ______________________
- 사역(Works) : ______________________

2. 다음 주를 위한 계획들

3. 소그룹 외부 모임

지난 주에 당신은 누구와 시간을 보냈습니까? (누구와, 언제, 무엇을?)
당신이 접촉한 방법들은 무엇이었습니까? (전화, 이메일, 쪽지)

4. 다가오는 행사들이나 다른 보고할 것들

부록 4 소그룹 리더들을 위한 조언(1)

함께 시간을 보내는 것의 가치

소그룹 성장의 비결은 정기적인 모임에 있지 않습니다. 진정한 비결은 소그룹 내에서 삶을 나눌 수 있는 진정한 관계를 형성하는 것입니다. 이것은 서로의 삶으로 들어가는 것 즉 서로의 관심사로 들어가는 것을 의미합니다.

이 일은 우연히 되지 않습니다. 소그룹에 있는 멤버들과 함께 시간을 보낼 때 일어납니다. 이것은 여러분이 서로의 집 안팎에서 교제하고 가족같이 서로 함께 삶을 나누는 수준까지 올라가는 것을 의미합니다. 양적으로 많은 시간을 보내는 가운데 질적인 시간이 올 것입니다. 질적인 시간은 보통 여러분이 함께 시간을 보내고 있을 때 우연히 일어납니다.

이전에 우리가 소그룹에서 좋은 관계를 형성하고 있는 다른 두 부부와 섬으로 가족여행을 떠났을 때 이 생각은 더 확고해졌습니다. 우리는 그 섬을 조용히 돌아보는 것이 아주 즐거웠습니다. 그러나 가장 가치 있는 시간은 우리가 선착장에서 배를 타기 위해 함께 줄 서서 기다리며 낭비한 엄청난 시간이었습니다. 그 낭비된 시간에 우리는 종종 짝을 이루거나 다 함께 대화를 나누었습니다. 많은 농담과 웃음, 이야기를 통해 우리의 삶에서 정말로 무엇이 일어나고 있는지를 나누었습니다.

시간을 낭비하는 것 같습니다. 그러나 여러분이 소그룹에서 좋은 관계에 있는 사람들과 시간을 함께 보냈을 때는 그것은 결코 낭비된 시간이 아닙니다.

부록 4 소그룹 리더들을 위한 조언(2)

멤버들과 함께 시간 보내기

1. 배우자와 함께 달력을 보며 한가한 날을 찾으십시오.
2. 재미있게 할 수 있는 것들을 생각하십시오.
3. 소그룹에서 좋은 관계를 가지기 원하는 누군가를 고르십시오.
4. 전화를 걸어 초청하십시오.
5. 계획한 일을 진행하십시오. 서로를 알아가고 관계를 돈독히 하면서 함께 재미있게 보내십시오.

1, 2단계의 순서는 바뀔 수 있습니다. 정확한 날짜를 정하고 나서 누군가에게 계획한 일을 함께하자고 요청하십시오. 그런데, 이와 같은 계획은 불신자들에게도 효과가 있습니다. 여러분들이 그리스도께 데려오기 원하는 불신자와 좋은 관계를 만들기 위해 소그룹에서 마련한 특별한 행사에 그들을 초청해서 돌볼 수 있습니다.

부록 4 소그룹 리더들을 위한 조언(3)

개인적인 관계와 시간

청소년 사역을 하시는 어떤 목사님은 사역을 시작할 때 다음과 같은 모토가 있었습니다. "가장 많은 시간을 쓰는 사람이 이긴다." 이것은 개인적인 관계 형성과 시간 투자를 하지 않고는 청소년들에게 강한 영향을 주지 못할 것이란 의미였습니다.

만약 우리가 소그룹 멤버들에게 강한 영향을 주려고 한다면, 그것은 우리가 단지 정기적인 소그룹 모임을 효과적으로 잘 준비하는 사람에 머물러서는 안 됩니다. 간단히 말해서 여러분의 소그룹 멤버들은 개인적인 관계와 시간 투자를 떠나서는 그리스도에 관해 지속적으로 강한 영향을 받지 않을 것입니다.

부록 4 소그룹 리더들을 위한 조언(4)

소그룹 멤버들이 서로 연결되도록 돕기

여기에 정기적인 소그룹 모임 시간 외에 그룹 멤버들을 연결시키는 데 사용되었던 창의적인 아이디어가 있습니다.

소그룹 모임을 시작할 때 각 멤버가 이름과 전화번호를 종이 쪽지에 적고 그것을 그릇에 담도록 했습니다. 그러고 나서 각 사람이 한 개의 쪽지를 뽑았습니다. 그 주에 각 멤버는 자신이 뽑은 사람과 연락해서 만남의 시간을 정했습니다. 만약 그들이 자신의 것을 뽑았다면 다시 한 번 이름을 뽑아야 합니다. 그러나 철수가 정규를 뽑고 정규가 철수를 뽑은 것은 괜찮습니다. 그들은 두 번 만나면 됩니다. 대부분의 경우 그 만남은 두 배의 상호작용을 가져왔습니다.

우리는 그 말씀이 창의적이 되도록 격려했습니다. 만약 누군가가 너무 바쁘다면 함께 쇼핑을 할 수 있습니다. 그들은 어찌하였든 함께 무엇인가를 할 수 있었습니다. 소그룹 모임 외에 서로의 삶에 관련되는 것은 멤버들에게 좋은 기회였습니다.

부록 4 소그룹 리더들을 위한 조언(5)

관계에 우선순위 두기

관계는 그냥 자동적으로 일어나는 것이 아닙니다. 많은 노력이 필요합니다. 또한 관계는 그것에 우선순위를 둘 것을 요구합니다. 이것은 좀 더 중요해 보이는 일들 앞에 사람들과의 관계를 증진시킬 계획들을 놓아야 한다는 것을 의미합니다!

다시 말해서 소그룹 사람들이나 여러분이 관계를 만들려고 하는 불신자들과 시간 보내는 것을 집에서 일하거나 옷을 세탁하는 일보다 앞서서 하도록 선택하라는 것입니다. 물론 개인적으로 필요한 일들도 해야 합니다. 그러나 관계의 비밀은 여러분이 함께 시간을 보내야 하는 거의 모든 기회에 "예"라고 말하는 데에 있습니다. 그것은 일과 업무들보다 관계에 우선권을 두기로 결정하는 것입니다.

나는 여러분에게 이렇게 말씀드리고 싶습니다. 다른 사람들과 진실한 공동체 안에 함께 있는 즐거움과 잃어버린 친구가 사랑을 받아 그리스도께 마음이 열리는 것을 보는 스릴은 세상에서 가장 멋진 집이 주는 안락함도 단념시킵니다.

부록 4 소그룹 리더들을 위한 조언(6)

함께 파티를 열기 위한 구실!

하나님과의 관계가 자라기 위해서는 여러분은 그의 임재 안에서 거할 시간이 필요합니다. 예배, 기도, 성경 통독/성경 공부 안에서 그분과 함께 보낸 시간을 통해서 여러분은 자라게 됩니다. 너무 바빠서 여러분이 배우자나 아이들과 어떤 시간도 함께 보내지 않고 있다면 여러분은 그들과의 관계에서 많은 부분 진전이 없게 될 것입니다. 다른 사람들과 마찬가지로 여러분은 소그룹 안에서 목양을 위해 애쓰고 있습니다.

여러분은 소그룹 안의 사람들과 함께 있어야 합니다. 일주일에 한 번 정기적으로 저녁에 만나는 것만으로는 부족합니다. 개인적으로 소그룹의 다른 개인이나 부부 또는 가족과 함께 시간을 보내는 기회들을 만들 필요가 있습니다. 또한 여러분은 전체 그룹이 함께 움직이는 기회를 만들 필요도 있습니다. 다시 말해서 함께 파티를 하기 위해 특정한 구실 또는 온갖 구실을 찾아낼 필요가 있습니다.

몇몇 소그룹들은 공휴일에 소그룹 사람들과 멤버들이 초대하기 원했던 사람들(특히 교회에 다니지 않는 친구들)을 위해 파티를 열었습니다. 참 잘한 일입니다. 여러분도 휴일에 소그룹 사람들과 함께 사람들을 초대할 수 있는 행사를 하기로 결정하는 것이 어떻겠습니까? 낚시 여행을 계획하거나 아이스크림을 먹으러 나가십시오.

저 밖에서 더 많은 파티가 계속되도록 돕는 게 어떨까요? 이것이 바로 사역입니다!

부록 4 소그룹 리더들을 위한 조언(7)

멤버들이 사랑받고 목양받고 있다고 느끼도록 돕는 전화 사용법

질문. 매주 나의 소그룹 리더는 내가 모임에 가고 있는지, 다과를 가져오거나 아이스브레이크를 나누는지 알기 위해 전화를 합니다. 나는 그가 전화하는 것이 고맙습니다. 왜냐하면 그는 정말로 바쁜 사람이기 때문입니다. 그러나 나는 내가 단지 그의 사역의 일부라고 느낄 뿐입니다. 내가 이 전인적 소그룹에 6개월 동안 있었는데 그는 결코 내게 나의 하루나 가족에 대해 묻거나 나와 같이 기도하기 위해 전화하지 않았습니다. 나는 어떻게 해야 할까요?

답변. 이것을 읽고 있는 목사와 소그룹 리더들인 여러분 중 누군가는 직접적으로 나를 지적한 여러분 멤버의 질문이 아닌지 궁금하실지 모릅니다. 함께 좀 더 평가해보고 알아봅시다.

1. 보통 한 주에 여러분은 오로지 장소, 다과, 모임의 진행들을 위임하는 것 등과 같은 "기계적인" 문제들에 대해서만 물어보기 위해 그룹 멤버들에게 얼마만큼의 전화를 합니까?

2. 보통 한 주에 여러분은 그들을 위해 무엇을 기도할지, 친구들과 가족들에게 예수님을 전하는 가운데 그들이 어떤 갈등에 직면하는지 등과 같은 마음의 문제들에 대해 물어보기 위해 멤버들에게 얼마만큼 전화하고 개인적으로 방문합니까?

만약 1번 부류에 속하는 전화만 한다면 여러분에게 문제가 있는 것입니다. 무릎을 꿇고 하나님께 소그룹을 지루한 모임으로 만든 것을 용서해 달라고 기도하십시오. 다음 모임에서 모든 멤버에게 그들이 여러분을 소그룹 리더로서 어떻게 인식하고 있는지에 대해 의견을 달라고 요청하고 여러분이 받을 질타를 감수하십시오.

그러고 나서 그들에게 용서를 구하고 개인적으로 희생하더라도 자신의 양들을 돌보는 진정한 소그룹 리더가 되겠으니 그 책임을 맡겨 달라고 요청하십시오. 멤버들에게 자유롭게 나누게 하십시오. 이 일이 여러분에게는 힘든 시간이겠지만 가치 있는 일이 될 것입니다.

만약 여러분이 2번 부류의 전화만 한다면 또한 문제가 있는 것입니다. 기계적인 세부 계획과 소그룹의 구성 요소들은 저절로 이루어지지 않습니다. 성공적인 소그룹 모임은 조심스럽게 계획되고, 책임을 많은 사람들이 나누어 가질 때 이루어집니다. 하나님께 주어진 일을 잘 완수하고 소그룹을 잘 유지할 수 있도록 도와달라고 기도하십시오. 소그룹 멤버들에게 그리스도의 능력 안에서 소그룹이 운영되도록 계획 짜는 것을 도와달라고 요청하십시오. 멤버들은 여러분이 그들을 존중하고 있음에 감사할 것입니다.

만약 여러분이 2번의 전화를 주로 하면서 효과적으로 1번의 전화와 방문을 한다면, 여러분은 문제가 없습니다. 여러분은 과정이나 모임보다 사람들이 더 중요하지만 매주의 모임은 성공적이어야 하고, 계획이 꼬이거나 적당히 준비되어서는 안 된다는 것을 배웠습니다. 잘하고 있습니다.

나는 한 번의 통화나 방문을 통해 위의 두 가지를 할 수 있다는 것을 배웠습니다. 여기에 방법이 있습니다.

리더 : "안녕하세요. 김정수입니다. 지금 통화할 수 있으세요?"
철수 : "그럼요! 방금 영희 씨가 애들을 재웠고 저는 저녁 식사 후 부엌 청소를 끝냈습니다."
리더 : "저번 주 목사님이 하신 설교를 적용하고 계시는 것 같은데 아주 좋은데요. 이번 주 모임에서 당신을 자랑해 달라고 영희 씨에게 말해야겠어요!"
철수 : "그렇게 할 필요까지는 없을 것 같아요. 아내가 이미 당신 아내 정희 씨에게 이메일을 보냈습니다. 지난 주 점심 식사 때 두 사람이 기도했던 것 같아요. 저도 제가 달라지는 것이 느껴집니다. 나는 요즘 부엌 일을 열심히 도와주고 있고 그 결과들에 만족하고 있습니다."
리더 : "나도 전적으로 동감합니다. 지난 주 나는 부탁 받지 않고 쓰레기를 밖으로 가

져갔는데 아내가 그것을 알았을 때 그녀는 내게 매달리며 좋아했습니다. 나는 만약 우리가 집안의 리더들로 남아 있기를 원한다면, 아내들이 하는 것처럼 가족을 섬겨야 할 것이라고 생각합니다. 그러나 주목을 끌지 않으면서 조용히 말입니다. 그것이 당신에게도 어렵죠?"

철수 : "물을 필요도 없지요. 나는 남자입니다! 물론 어렵습니다! 그러나 나는 요즘 내 안의 많은 변화들을 볼 수 있고 때로는 그것이 고통스러울지라도 내가 자라고 있음을 느낍니다."

리더 : "나도 같습니다. 그러면 당신을 위해 내가 어떻게 기도할 수 있을까요? 내일은 '철수 씨를 위해 기도하는 날' 입니다."

철수 : "사무실에서 해야 하는 발표를 위해서 기도해 주십시오. 회사에서 온 모든 중역들이 참석할 것입니다. 11시에 하는데 그것은 내가 발표한 것을 논의하는 큰 업무를 겸한 점심 식사 바로 전입니다."

리더 : "시계 알람을 10시 45분에 맞춰놓겠습니다. 점심 식사하러 가는 길에 그 일이 어떻게 진행되었는지 나에게 전화해 줄 수 있나요?"

철수 : "물론이죠. 그리고 '나를 위해 기도하는 날' 이니까 내 옆에서 일하는 정구 씨와 목요일에 가질 점심 시간을 위해서도 기도해 줄 수 있나요? 그는 하나님에 대해 물어보고 있고 그의 십대인 딸이 정말 문제아인가 봐요. 내 생각에는 그가 이제 이혼을 후회하고 있는 것 같아요. 나는 그를 위해 함께 있어 주고 싶어요."

리더 : "그렇게 할게요. 당신이 생각하기에 정구 씨가 다음 주에 있는 '남자들을 위한 밤' 에 오고 싶어 할까요?"

철수 : "이런, 나는 그에게 물어보는 것조차 생각하지 못했어요. 내일 회사에서 물어볼게요. 이번 달에는 우리가 당신의 집에 방문해도 될까요?"

리더 : "네. 우리가 자연스럽게 하던 것을 할 것이고 단지 남자들과 소년들만 참석하게 될 거예요. 간식으로 할 빵과 당신이 구입한 제임스 본드 DVD 좀 가져오세요. 정구 씨에게 그를 만나는 것이 기쁘고 저녁 식사로 삼겹살을 어떻게 생각하는지 궁금하다고 말해줘요."

철수 : "그렇게 할게요."

리더 : "이런, 벌써 시간이 늦었네요. 당신이 영희 씨와 좋은 시간을 보내기 원할 테니 이제 놓아 드리죠. 아, 잊어버릴 뻔했네. 다음 달에 당신 집에서 소그룹 모임을

할 수 있을까요?"

철수 : "문제없을 겁니다. 아내와 이야기해 보고 내 발표가 어떻게 되었는지 알려드릴 때 같이 말씀드릴게요."

리더 : "좋습니다. 주일에 봐요. 먼저 오면 우리 자리 좀 맡아 주시고요."

철수 : "그럴게요! 안녕히 계세요."

주의.

1) 내가 철수 씨에게 전화를 건 용건은 다음 달에 소그룹 모임이 그의 집에서 가능한지를 아는 것이었습니다. 그러나 단지 이 질문만으로는 실제로 그의 최고 관심사를 끌어내지 못했을 것입니다. 그래서 나는 "기계적인 필요"를 적어 두고 전화를 끊기 전에 물어보는 것을 잊지 않았습니다. 나는 그에게 전화를 해서 그의 필요들과 우리의 우정에 초점을 맞췄고 세부 업무는 마지막에 "그런데"라는 표현을 통해서 물었습니다. 철수 씨는 내가 그를 첫 번째로 놓고 개인적인 안건을 마지막에 놓았기 때문에 존중받는다고 느꼈으리라 생각합니다.

2) 나는 특별히 철수 씨에게 그의 영적인 성장에 대해 칭찬하는 방법을 찾았습니다. 그는 지난 6개월 동안 비약적으로 자라왔습니다. 그와 영희 씨가 소그룹에 처음 참여했을 때 그의 결혼생활은 매우 비참했습니다.

3) 내가 철수 씨와 함께 그리스도를 위해 할 수 있는 것에 대해 기도해왔기 때문에 그는 자연스럽게 계속 기도해온 직장 동료 정구 씨에 대해 말하고 있습니다. 만약 그가 정구 씨에 대해서 말하지 않았다면 나는 그에게 예수님을 소개시킬 수 있는 어떤 직장 동료가 있는지 또 어떤 기도가 필요한지를 물어봤어야 했을 것입니다.

4) 나는 철수 씨가 '남자들을 위한 밤'이 잃어버린 남자들과 접촉하여 신자들과 우정을 나누는 것을 돕기 위한 도구라는 것을 이해하도록 도왔습니다.

부록 4 소그룹 리더들을 위한 조언(8)

전인적 소그룹 배가를 위한 노력

증식하지 않는 세포는 결국 죽습니다! 그것은 생물학에서 사실이고(여러분의 몸에 있는 세포들이 증식하는 것을 멈추는 것을 암이라고 합니다.) 전인적 소그룹들에도 사실입니다. 그것은 단지 하면 "좋은" 것이 아닙니다. 우리는 진정으로 여러분이 우리를 도와서 여러분의 전인적 소그룹이 자라고 또한 소그룹을 배가함으로 교회가 성장하기를 원합니다. 내적으로 자라서 배가하지 않는 전인적 소그룹들은 죽게 되는 것입니다.

문제는 우리가 너무도 공동체를 원한다는 것이고 우리가 그것을 알고 있을 때도 우리의 본래의 (죄악된) 욕망은 공동체를 꼭 잡고 놓지 않으려는 것입니다. 그러나 우리가 소그룹 안에서 공동체를 유지하려고 할 때 좋지 않은 결과가 발생합니다. 소그룹의 관심은 내부로 돌아가고 역동성을 잃습니다. 그래서 잃어버린 영혼에게 다가가서 그들이 그리스도에게로 나아와서 자라도록 돕는 하나님 나라의 목적을 이루는 것에 관심이 있는 사람들의 그룹이기보다는 멤버들의 필요를 채우는 것에 더 관심이 있는 그룹이 됩니다. 관심이 내부로 향하고 하나님께 쓰임 받는 것보다 자신들의 필요들을 채우는 것에 더 관심이 있는 소그룹은 결국 성장하지 못하고 죽습니다. 장담할 수 있습니다.

소그룹의 배가는 여전히 어렵습니다. 우리는 소그룹 사람들을 사랑하고 그들과 친밀해졌습니다. 왜 우리가 아직 알지도 못하는 사람들을 받아들이기 위해 우리에게 친근한 작은 모임을 자발적으로 분리해야 합니까? 내가 생각할 수 있는 유일한 이유는 우리가 원하는 것보다 하나님께서 원하시는 것에 우리가 헌신되었기 때문입니다. 만약 우리가 그분을 기쁘시게 하고 그분의 사역이 진행되는 것을 최고의 성취로 여기기로 한다면 하나님께서 우리와 우리의 필요들을 돌보신다는 사실을 신뢰하게 될 것입니다.

공동체에 대해 내가 발견한 것은 공동체를 유지할 수 있는 유일한 방법이 배가라는 것입니다. 배가하는 소그룹들은 살고 배가하지 않는 소그룹들은 죽습니다!

부록 4 소그룹 리더들을 위한 조언(9)

소수의 사람들과 더 많은 시간 보내기

한번은 누군가 말하기를 사람들의 삶에 진정으로 강한 영향을 주는 비결은 더 적은 사람들과 함께 더 많은 시간을 보내기로 결정하는 것이라고 했습니다. 그것이 전인적 소그룹들의 배가가 매우 중요한 이유입니다. 그룹이 너무 커질 때, 여러분은 소수와의 특별한 관계에 초점을 맞추는 능력을 잃어버립니다.

전인적 소그룹을 통해 사람들을 목양하는 것은 소그룹 모임에서 일어나는 것이 아니라, 주중에 일어나는 삶과 관련되어 일어납니다. 여러분이 만들 수 있는 가장 지속적이고 강한 영향은 여러분이 영적인 책임을 지고 있는 몇몇 사람과 함께 시간을 보내면서 이루어질 수 있다는 사실을 결코 잊지 마십시오.

예비 리더를 모집하기보다 개발하기

전인적 소그룹 리더로서 해야 할 가장 중요한 것들 중 하나는 리더십을 일으키는 것입니다. 이것은 그룹을 배가할 시간이 되면 소그룹 리더가 되도록 설득할 만한 영적으로 성숙한 사람이 그룹 내에 있는지를 둘러보는 것을 의미하지 않습니다. 리더를 개발하는 일은 목양의 일부분입니다. 여러분은 멤버들이 어떤 위치에 있는지 평가하면서 그들이 주님을 향해 다음 단계로 나아가도록 애정을 가지고 격려하는 일을 계속해야 합니다.

성장은 항상 편안한 영역 밖으로 걸어 나오는 것과 관련이 있습니다. 이것은 예비 리더를 일으키는 경우에도 가장 필요한 일이 될 것입니다. 그러나 예비 리더들이 그러한 걸음을 내딛을 수 있게 "동력"을 제공하기 위해서는 지속적인 투자가 필요합니다. 예비 리더들들에게 가치를 부여해주는 말을 해야 합니다. "하나님은 당신을 사랑하시고 주님의 나라를 위한 중요한 일에 당신을 사용할 계획들을 가지고 계십니다." 그러고 나서 그들에게 자신감을 심어 주는 말을 해줄 필요가 있습니다. "나는 그분의 목적을 위해 하나님께서 진정으로 사용하기 원하시는 은사들과 특징들을 당신에게서 볼 수 있습니다." 마지막으로 그들에게 비전을 줄 필요가 있습니다. "하나님의 일들은 멋진 집을 사는 것이나 로또에 당첨되는 것보다 훨씬 가치가 있습니다."

멤버들이 다른 사람들에게 삶과 관심사를 나누는 일은 모임 중에 여러분이 전하는 메시지를 통해 이루어지지 않습니다. 멤버들이 영적인 책임을 지고 있는 사람들과 시간을 보낼 때 옵니다. 진실로 멤버들을 사랑하고 멤버들의 삶에서 무엇이 진행되는지를 알고 난 후에 하나님께서 그들을 통해 하나님 나라의 목적들을 이루시고 더 큰 단계로 전진하도록 애정을 가지고 독려하는 적극성에서 옵니다.

해답

| 1과 전인적 소그룹의 기초 |

1 · 목적(8p)
2 · 목표들(8p)
3 · 영적으로(9p)
4 · 전인적 소그룹 리더의 역할 설명서
1) 위임(12p)
2) 배가(12p)

| 2과 전인적 소그룹 성장의 5단계(1) |

익숙해지는 단계(13p)
1 · 4W(14p)
3 · 아이스 브레이크(15p)

| 3과 전인적 소그룹 성장의 5단계(2) |

사랑하는 단계(23p)
가짜 공동체(23p)
2) 중요성(26p)
3) 목적(26p)
4) 다짐(27p)

해답

| 4과 전인적 소그룹의 기초(3) |

연결되는 단계(29p)

1 · 소그룹 모임 계획서(30p)

은사(30p)

| 5과 전인적 소그룹의 기초(4) |

나아가는 단계(39p)

1 · 동역(40p)

3 · 영향력의 범위(42p)

| 6과 전인적 소그룹의 기초(5) |

떠나가는 단계(49p)

1 · 원리(50p)

2 · 전제조건(51p)

3 · 준비요소(53p)

4 · 선택사항(53p)

김진기 목사 Steve Kim

- 미주에서 다년간 이민 목회를 해온 1.5세 사역자
- 일리노이 주립대학교 졸업
- Trinity Evangelical Divinity School(M.DiV. 및 Th.M. 실천신학 전공)
- 현 미니스트리 디렉 대표
- 현 남태평양선교회 회장
- 저서 _ 메가 교회를 통하면 교회성장 꼭 이루어진다
- 편저 _ 가족에서 소그룹 리더까지 양육 교재 1-5단계
- 역서 _ 명설교 컨설팅, 산을 옮기는 물고기

판권
소유

소그룹 리더십을 어떻게 개발하는가? (5)

2006년 12월 5일 인쇄
2006년 12월 15일 발행

편저자 | 김진기
발행인 | 이형규
발행처 | 쿰란출판사

주소 | 서울 종로구 이화동 184-3
TEL | 02-745-1007, 745-1301, 747-1212, 743-1300
영업부 | 02-747-1004, FAX / 02-745-8490
본사평생전화번호 | 0502-756-1004
홈페이지 | http://www.qumran.co.kr
E-mail | qumran@hitel.net
qumran@paran.com
한글인터넷주소 | 쿰란, 쿰란출판사
등록 | 제1~670호(1988.2.27)
책임교열 | 오완

값 4,000원
ISBN 89-5922-283-6 94230
89-5922-278-X (세트)

* 이 출판물은 저작권법에 의해 보호를 받는 저작물이므로 무단 복제할 수 없습니다.
잘못된 책은 교환해 드립니다.

미니스트리 디렉 *http://www.mdinc.org*
〈한국 사무실〉
전화: 02-423-0356 팩스: 02-423-0356 이메일: mdinc@paran.com
주소: 서울 송파구 방이동 35-4 아이스페이스 잠실II 305호
〈미국 사무실〉
전화: 1-425-750-0749 팩스: 1-253-838-3471 이메일: ministrydirect@empal.com
주소: 4704 Northport Dr.Mukilteo, WA98275